아이디어라든지
디자인이라든지

일러두기

1. 본문의 각주는 독자의 이해를 돕기 위해 옮긴이와 편집자가 쓴 것이다.
2. 인명과 지명은 국립국어원 외래어 표기법을 따랐으나, 일부 굳어진 명칭은 그대로 사용했다.

アイデアとかデザインとか
(Idea Toka Design Toka: 7543-0)
© 2022 Aoki Ryosaku / TENT

Original Japanese edition published by SHOEISHA Co.,Ltd.
Korean translation rights arranged with SHOEISHA Co.,Ltd. through AMO Agency
Korean translation copyright © 2024 by ITDAM BOOKS

아이디어라든지
idea,

디자인이라든지
design,

and blah blah blah.

아오키 료사쿠 | TENT

ITDAM BOOKS

STAN.

CHOPLATE

NuAns NEO Reloaded

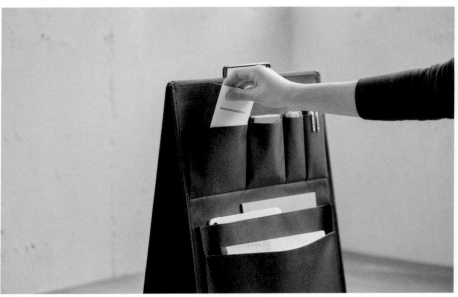

TOOL STAND

SAND IT   > p.186

TEPRA PRO SR-R980

TABLE LAMP ICHI

FRYING PAN JIU   > p.90

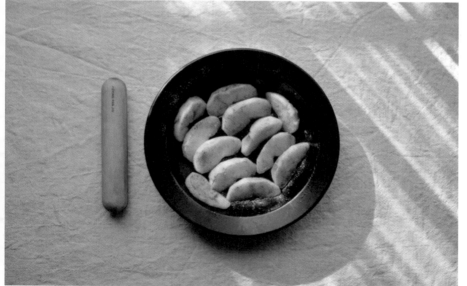

UENOSUKE SHITANOSUKE

CHAPTER

아빠가 하는 일은 대체로 '놀이'

아빠가 하는 일은 대체로 '놀이'처럼 보여요.

그림을 그리거나 무언가를 만드는 식이니까요.

그래서 저는 물었습니다.

"아빠, 어떻게 그런 일로 돈을 벌어?"

그때마다 아빠는 답합니다.

"누구도 답을 모르거나, 아무도 할 수 없는 일이니까."

그리고 중얼거립니다.

"나는 역시 천재야!"

나도 아빠처럼 '놀면서' 돈을 벌면 좋겠다고 생각했습니다.

_ 딸(8세)의 작문 중에서

パパのしごとは、だいたいあそ
びに見えます。たとえば、絵や
図を書いていたり、工作している
時な所です。
だから、どうしてそんなことで
お金もらえるの。と聞いたら、
こたえがまだだれにも分かうな

ないことをやってできないことを
しているから。
パパは自分でよくやったとか言っ
てました。
と言っているので、毎回なんて天才。
でも、ほんとに気がすむんだ。
です。
わたしも、あそんでいたな と思う
と、もらえればよかったなと思うお金

아이디어라든지 디자인이라든지

아오키 료사쿠 | TENT

"이거 말이에요. 아이디어라든지 디자인이라든지, 어떻게든 안 될까요?"

안녕하세요. 크리에이티브 유닛 'TENT텐트'의 아오키 료사쿠青木亮作입니다.

2011년 도쿄 나카메구로에서 시작한 프로덕트 디자인 스튜디오 TENT에는 날마다 막연한 의뢰가 날아듭니다. 소규모 공장, 기세등등한 벤처, 대기업…… 다종다양한 분야의 여러 회사와 손잡고 많은 제품을 세상에 내보내고 있습니다.

지난 10여 년의 활동이 독일 iF 디자인상 금상, 레드닷 디자인상, 굿디자인상 베스트 100 등 각종 디자인상 수상으로 이어졌습니다.

그뿐만이 아닙니다. "너무 편리해!" "그냥 매일 쓰게 됩니다!"라는 고객들의 입소문이 SNS를 통해 널리 퍼졌습니다. 다행히 TENT와 함께한 기업이나 브랜드가 '전환점'으로 삼을 만한 히트 제품과 스테디셀러 제품을 잇달아 내놓았습니다.

그런데 이쯤에서 한 가지 의문을 가져봅니다. 이러한 성과가 오로지 TENT의 '혁신적인 아이디어'나 '매력적인 디자인' 때문일까요?

아닐 겁니다.

알다시피 오늘날 비즈니스 현장에서 아이디어나 디자인은 너무 당연한 요소입니다. '아이디어란 무엇일까?' '디자인이란 무엇일까?'는 여전히 중요합니다.

그러나 '~(이)란 무엇일까'를 마주해도 어설프게 아는 듯한 느낌일 뿐 구체적인 성과로 이어지지 않습니다. 과거의 성공했던 프로젝트를 돌아보면, 인간관계를 비롯한 여러 가지 골칫거리와 좌충우돌 그리고 차마 말로 표현하기 힘든 '~라든지'로 가득합니다.

중요한 건 그런 '~라든지'에 히트 제품과 스테디셀러 제품을 낳기 위한 해결의 실마리와 돌파구가 있었다는 사실입니다.

부족하지만 이 책에서 TENT의 개발에 얽힌 숨은 이야기와 일상의 단상을 모아보려 합니다. 아이디어와 디자인은 물론 주위에 존재하는 '~라든지'를 최대한 주위 모았습니다.

'~(이)란'만으로는 놓칠 것 같은, '~라든지'에 꽉꽉 차 있는, 제품 만들기의 즐거움과 일의 재미가 느껴진다면 기쁘겠습니다.

모든 일의 주변에는 '~라든지'가 존재합니다.

일상의 장소에 흩어져 있는 '~라든지'를 주위 모아 우리에게 주어진 하루하루를 즐겁게 만든다면 세상은 더욱 재미있지 않을까요?

차례 처음부터 읽어도 좋고, 궁금한 쪽부터 읽어도 좋고

22   아빠가 하는 일은 대체로 '놀이'

24   아이디어라든지 디자인이라든지   아오키 료사쿠 | TENT

1장   번뜩 떠올리자

32   '투명한 책'을 위한 7년
      북온북BOOK on BOOK 개발 비화

42   세 가지 벽을 허물어라

46   좁히지 말고 키워라

48   아이디어 내기에는 패스pass도 있다

50   그냥 ○○를 갖고 싶다

2장 만들자

54 꿈을 꿈으로 끝내지 않기 위해

56 '작품' 말고 '시제품'을 만들자!

66 지금이 가장 즐겁다! 프로덕트 디자이너

82 로고를 먼저 정하지 마라

84 물건을 만들고 해야 할 일

88 '~다움'의 늪

90 만들고, 사용하고, 다시 고치고
프라이팬주JIU 개발 비화

3장 의심하자

104 디자인 따위 모른다!

124 사각을 둥글린다

132 신입이 할 일은 바로 "왜?"

134 대량 생산이란 도대체 몇 개일까?

136 더는 속지 않는 디자이너 식별법

142 제품이나 물건을 갖지 않는 시대에 무엇을 만들어야 할까?
드로어라인 DRAW A LINE 개발 비화

4장 뛰쳐나오자

174 즐거운 방식의 자전거 조업

176 수동적으로 일하는가, 주체적으로 일하는가?

182 직접 만나서 이야기하는 시모키타자와의 '텐트 매장'

186 세상에 내놓을 각오가 되어 있는가?
샌드잇 SAND IT 개발 비화

5장 이야기를 듣자

202 불안과 마주하는 요령

208 견적과 마주하는 요령

214 형태는 어떻게 떠올리는가?

222 한 줄의 카피(언어)는 어떻게 떠올리는가?

228 프레젠테이션의 마음

234 수염 할아버지와 램프

252 육아라든지 생활이라든지   하루타 마사유키 | TENT

254 등을 떠밀거나 엉덩이를 치는 책   다쿠보 아키라

1장

번뜩 떠올리자

'투명한 책'을 위한 7년

북온북BOOK on BOOK 개발 비화

시작은 2006년 무렵이었습니다. 시간만 나면 무라카미 하루키의 소설을 읽었을 때죠. 그때 저는 『세계의 끝과 하드보일드 원더랜드』를 읽고 있었습니다. 밥을 먹으면서도 소설에서 눈을 떼지 못할 정도로 푹 빠져 있었습니다.

아무래도 밥을 먹으며 책을 읽으면 남는 손이 없겠죠. 그래서 스마트폰이나 지갑을 이용해 간신히 양쪽 페이지를 누르곤 했는데 상당히 불편하더군요. 책이 탁탁 덮일 때마다 모처럼 빠져든 소설에 지갑과 스마트폰이 끼어드는 느낌이 무척 거슬렸습니다. 독특한 문체로 유명한 하

등장인물:

노구치 다이스케野口大輔 | 코물라COMULA 대표·프로덕트 디자이너
아마노 히사테루天野久輝 | 제로미션ZEROMISSION 대표

루키의 문장에 푹 잠길 때마다 스마트폰과 지갑이 훼방을 놓았습니다.

이 문제를 해결할 제품을 만들고 싶다!

어디까지나 제가 필요해서 만든 제품이었습니다.

'투명한 책'에 이르는 과정

처음에는 책의 양쪽에 클립형 추를 끼우면 어떨까 생각했습니다. 일종의 독서대를 만드는 거죠. 그러나 '도구'의 성격이 강하면 **소설의 세계관을 깨지 말자는 본래 목적**을 이룰 수 없습니다.

그래서 '무겁고 투명한 판을 위에 올려놓으면 책을 펼친 채로 둘 수 있고 세계관도 깨지 않겠지?'라는 아이디어를 떠올렸습니다. 실제로 투명한 판을 책에 올려놓으니 펼쳐지기는 하더군요. 그러나 이대로는 판이 시소처럼 들썩거려 사용하기 힘들었습니다. 무겁고 두꺼운 판도 거

슬리더군요. 그러다가 '판 가운데에 돌출 부분을 만들고, 책 가운데 움푹한 곳에 끼우면 고정할 수 있지 않을까?' '그렇다면 차라리 펼친 책 모양으로 만들면 어때?'라는 발상에 이르렀습니다.

저는 곧바로 곁에 있던 신서판▶ 책을 펼쳐 그 형상을 따서 3D 프린터로 첫 번째 시제품을 만들었습니다. 3D 프린터는 조몬 토기▶▶처럼 한 층씩 수지를 쌓아가는 방식이어서 계단 모양 층이 생겨 투명감이 전혀 없습니다. 그래서 형태를 만들고 **이틀 동안 오로지 사포로 연마하는 고행**이 요구됩니다. 아무튼 어찌어찌 층을 없애고 투명한 상태를 확보했습니다. 그리고 책 위에 올렸더니 책을 펼친 채로 둘 수 있었습니다. 참으로 보기 좋았습니다.

▶ 가로 103mm×세로 182mm 판형
▶▶꼰무늬繩文 토기. 조몬 시대는 일본의 역사에서 조몬 토기를 사용했던 시기를 구분해서 가리키는 용어로 대략 기원전 1만 4천~1만 3천 년부터 기원전 1천~300년까지를 가리킨다.

재현 이미지

당시에 남긴 메모

처음 느껴본 '그냥 갖고 싶어요'라는 주변 반응

　그렇게 완성된 '책 위에 놓는 책'에 '북온북BOOK on BOOK'이라는 이름을 붙여 개인적으로 사용하는데 친구나 부모님으로부터 "나도 써보고 싶다, 갖고 싶다"는 말을 들었습니다. 대학 시절 과제를 수행하며 수많은 제품을 만들었을 때도, 인하우스 디자이너로 IC 녹음기를 디자인했을 때도 없었던, '갖고 싶다'는 자연스러운 반응이어서 무척 기뻤습니다. 심지어 아무 설명도 하지 않았는데 말이죠.

　'써보고 싶다'는 반응을 얻었다는 흥분에 일단 수작업이라도 좋으니 원하는 사람들이 살 수 있도록 생산하는 방법을 고민했습니다. 그 무렵 인하우스 디자이너로 일했지만 **제품 제작의 전체 과정을 파악할 수 없어서** 왠지 답답했는데, 내가 생각한 제품을 스스로 만들어 고객의 손에 직접 닿는 과정을 체험하면 조금이나마 마음이 후련해질 것 같았습니다. 물론 3D 프린터로 출력해서 이틀에 걸쳐 사포로 연마하는, 돈도

초기 시제품　　　자신만만하게 디자인 공모에 응모했지만…… 낙선!

수고도 많이 드는 방법을 여러 번 실행할 수는 없어서 그때 떠올린 생각은 금세 흐지부지되었지만 말이죠.

수제 양산의 실현과 현실

그로부터 2년이 지난 2008년, 우연히 노구치 다이스케 씨를 만났습니다. 대학 후배였던 노구치 씨는 진로를 상담하기 위해 제가 일하던 회사를 방문했는데요. 경주용 자동차를 생산하는 '스즈키 스포츠'에서 디자인은 물론 제작까지 스스로 하고 있었습니다. 노구치 씨에게 "북온북을 직접 만들어 생산할 수 있을까?"라고 물었더니 "실리콘 틀을 만들어 에폭시 수지로 성형하면 실현할 수 있지 않을까요?"라는 해법을 주었습니다.

몇 번이고 틀을 만들고, 수지가 잘 흐르도록 틀의 형상을 되풀이해 검토하고, **채소를 신선하게 유지해 주는 수동 펌프를 개조**해 에폭시 수지에서 발생하는 미세한 거품을 제거하는 등 여러 방법을 궁리한 결과 그럴듯한 시제품을 만들었습니다.

물론 과정은 쉽지 않았습니다. 실리콘 틀의 특성상 시제품 표면이 약간 흐린 느낌이어서 하나에 네 시간이 걸리는 연마 공정을 거쳐야 간신히 투명하게 만들 수 있었습니다. 일단 성형 자체가 대단히 어려운 과정이었습니다. 수지 혼합을 실수하거나 온도를 잘못 설정하기만 해도 거품투성이가 되거나 질퍽질퍽한 상태로 굳는 등 실패가 이어졌습니다. 무엇보다 성형에 하루 정도 시간이 소요되어서 다음 날 틀을 열어야만 실패인지 성공인지를 알 수 있었습니다.

아무튼 10개 정도는 만들 수 있었기에 채산성을 무시한 채 가격을 8400엔으로 설정해 가까운 지인에게 판매했습니다. 10개가 모두 '완판'되어 오랫동안 동경해 온 '내가 직접 만든 제품을 직접 판매한다'는 꿈을 이루었습니다. 그러나 이대로 계속했다가는 저와 노구치 씨 모두 나가떨어질 게 분명해서 더는 진행할 수 없었습니다. 그렇게 북온북 수제 양산은 막을 내렸습니다.

수제 양산의 시행착오를 함께한 노구치 다이스케 씨

4년 동안 포기하지 않고 공장을 찾아 나서다

그로부터 4년 동안, 인하우스 디자이너로 일하며 인연을 맺은 모형 제작사, 아크릴 공장, 플라스틱 공장, 유리 공장, 유리공예 작가 등 그야 말로 여러 곳에 견적을 의뢰했습니다. 그때마다 **연마 공정이 너무 힘들 어서** 공장 출하 가격만 개당 수만 엔이 든다는 답변에 낙담하는 나날 이 이어졌습니다. 그사이 아오키는 다니던 회사를 그만두고 TENT를 결성하고 자체 제품을 박람회에 출품하며 자신만의 활동을 시작했습 니다.

아마노 씨와의 만남

2012년, 갑자기 TENT에 "아크릴로 함께 해보실까요?"라는 제목의

이메일 한 통이 도착했습니다. 시즈오카에서 아크릴 제품 브랜드를 갓 시작한 아마노 씨였습니다.

회사를 홍보하기 위해 방문한 아마노 씨에게 '어차피 안 되겠지만' 밑져야 본전이라는 마음으로 북온북을 건네고 "혹시 견적을 부탁드려도 될까요?"라고 물었는데 웬걸, **일주일이 지나 상당히 정확도 높은 시제품이 배달되었습니다.**

너무 놀란 저는 "이게 어떻게 가능하죠? 그동안 절대 안 됐거든요"라고 물었습니다. 아마노 씨의 대답은 의외로 간단했습니다. '공정 순서와 지그▶ 설정 방법을 궁리해 제작할 수 있었다'나요. 그 결과, 수만 엔에 육박했던 비용도 제법 현실적인 금액으로 탈바꿈했습니다.

그렇다고 해도 영업을 위해 우리를 찾은 낯선 업체에 의심이 풀리지 않았기에 발주를 앞두고 시즈오카 공장에 직접 가보기로 했습니다. 우

▶ jig. 기계의 부품을 가공할 때에 그 부품의 작업 위치를 정확히 정하기 위해 사용하는 기구

리의 걱정은 한낱 기우였습니다. 시즈오카 공장에서 작업 공정을 일일이 확인한 우리는 높은 기술력과 제품 제작에 대한 장인정신에 탄복해 발주를 결심했습니다.

나중에 알게 되었지만 아마노 씨는 일본 아크릴 업계에서 가장 유명한 회사에서 경력을 쌓은 분으로, 지금은 업계의 전설로 남은 디자이너 의자와 수족관 수조 등 아크릴 가공 기술의 전문가였습니다.

"견적 의뢰를 받으면 **철저히 검토하는 게 당연**하죠. 검토도 하지 않고 '못 해요'라는 답변은 우리에겐 있을 수 없습니다"라고 아마노 씨는 지금도 자신 있게 말합니다.

이렇게 7년간 우여곡절을 겪은 끝에 완성한 북온북.

당신도 꼭 손에 넣어 품질을 확인해 주시기를 바랍니다.

아크릴 장인 아마노 히사테루 씨

위/ 책다운 곡선을 검토하는 시험 작업　　아래/ 장인의 손끝으로 실현한 두께와 투명도

세 가지 벽을 허물어라

브레인스토밍을 모르는 분은 없으시겠죠? 다 같이 회의실에 모여 아이디어를 잔뜩 쏟아내는 회의죠. 여러분은 어떠세요? '뭔가 해낸 느낌'은 들지만, 브레인스토밍을 해서 압도적으로 좋은 아이디어가 탄생한 적이 있나요? 저는 솔직히…… 별로 없어서요.

좋은 아이디어를 창출하려면 세련된 기법보다 커뮤니케이션에 참가하는 사람들이 아이디어를 낼 수 있는 상태가 되어야 합니다. 이번에는 의외로 사람들이 모르는 **'아이디어를 낼 수 있는 개인'이** 되기 위해 허물어야 할 세 가지 벽을 말씀드리겠습니다. 순서대로 설명할게요.

머릿속과 종이 사이의 벽

아이디어를 내고 다듬으려면 '바보'와 '비평가'를 번갈아 오가야 합니다. '바보'란 아무런 제약 없이 자유롭게 발상할 수 있는 상태, '비평가'란 그것을 냉정하게 재검토하는 상태를 말합니다.

　물론 두 종류의 자아를 동시에 수행하기란 어지간한 천재가 아닌 이상 쉽지 않습니다. 따라서 여기에서는 좋든 나쁘든 머릿속에 있는 내용을 모두 종이에 쏟아내고, 그 결과를 비평가의 시선으로 바라볼 것을 추천합니다.

　중요한 건 '좋든 나쁘든 관계없이'입니다. 사람들은 대부분 아이디어를 종이에 쓰는 시점에서 주저합니다.

　저는 이 벽을 없애고 싶습니다.

　어떻게 하냐고요?

　스윙을 날립니다.

　새하얀 종이에 머릿속의 아이디어를 갑자기 쓰려면 당연히 긴장하기 마련입니다. 이건 어떨까요? 일단 '스마일', 즉 '방긋 웃는 얼굴'을 원하는 크기로 그립니다. 그리고 그림이나 글자를 자유롭게 덧붙입니다.

　인간이란 신기한 존재여서 새하얀 종이를 앞에 두면 주저하는데, 뭔가 하나라도, 특히 '기분 좋은 뭔가'가 그려져 있으면 척척 자유롭게 그리고 싶어집니다.

글자와 그림 사이의 벽

　처음에는 **글자가 아니라 그림을 그려야 합니다.** '무엇이든 그려도 상관없어!'라는 상태로 들어가야 합니다. 그 단계를 넘어서면 두 번째 백지가 눈앞에 나타나도 망설이지 않고 충동에 맡겨 술술 쓸 수 있게 됩니다.

　저는 말이 많은 사람이라 무심코 글자부터 쓰는데요. 그러면 그 뒤에도 온통 글자만 쓰게 되어 말로 담을 수 없는 뭔가를 놓치고 맙니다. 그래서 의식적으로 그림부터 그리려고 노력합니다. 글자만으로는 표현할 수 없는 무언가를 그림을 이용해 설명할 수 있어서 머릿속에 들어있는 모든 것을 순조롭게 드러내는 **'스윙을 연습하는 듯한 즐거운 낙서'**가 의외로 중요합니다.

입력과 출력 사이의 벽

　'아이디어를 낸다'라는 말에는 아무것도 없는 상태에서 스스로 무언가를 만들어내는 이미지가 있습니다. 하지만 그렇게 했다가는 금세 힘들어져서 10년 이상 아이디어를 계속 내는 저와 같은 일을 할 수 없습니다. 그러므로 자신의 아이디어가 어디에서부터 입력이고 어디에서부터 출력인지 알 수 없는 상태를 권합니다.

　다른 사람의 이야기를 듣고 있노라면 의외로 연상된 것이 확확 떠오르지 않나요? '스마일을 그리고, 낙서를 더하는' 방법과 마찬가지로 다른 사람이 제안한 내용을 기점 삼다 보면 뜻밖에 술술 내 생각을 보탤 수 있습니다. 상대방의 아이디어에 동의하는 내용은 물론 반론이나 거기에 따라오는 추가적인 연상을 적다 보면 그동안 미처 생각하지 못한 자신만의 가설이 떠오를 겁니다.

세 가지 벽을 없애는 도구

따라서 '아이디어를 내는 개인'이 되려면 즉각 '메모'하는 게 좋습니다. 그것이 낙서라도 상관없습니다. 회의나 대화에서 들은 이야기를 머릿속에서 줄줄 꺼내어 새하얀 종이에 마구 적어보세요.

자, 이제 세 가지 벽을 허무는 데 최적의 도구인 '힌지'를 소개합니다. 아직도 사용하지 않은 분이 있다면 꼭 써보세요!

힌지 HINGE

클립이 달린 펜과 A4 용지를 준비하고 번뜩이는 순간에 휙 열면 된다. 무언가를 그리고 싶은 충동이 드는 순간 곧바로 행동할 수 있다. 최고의 아이디어를 낳는 가장 최소한의 도구다.

좁히지 말고 키워라

"아이디어는 어떻게 좁혀야 하나요?" 최근 들어 이런 질문을 자주 받곤 합니다. TENT는 프로덕트 디자이너지만 다양한 영역에서 '아이디어'를 부탁받습니다. 광고 캠페인 기획, 교육용 그림책 기획은 물론 NHK 방송 〈취미 두근두근!〉▶에서 "골판지를 사용한 재치 있는 아이디어를 부탁합니다"라는 의뢰를 받기도 했습니다.

그때마다 우리는 '맨 처음 무엇을 만들어야 하나?'를 고민합니다. 이 방법은 TENT의 특기인데요. 아이디어를 많이 내는 데 이보다 좋은 방법을 찾지 못했습니다. 좀 더 쉽게 말하자면 '종이에 가득 그린다'입니다. 물론 오늘의 과제는 여기에서 한 발 나아갑니다.

"그다음에 **어떻게 좁혀야** 하나요?"

일반적으로 아이디어를 발전시키는 방법에는 **높은 사람이 결정한다** (회사나 회의 자리에서 높은 사람에게 판단을 부탁해 다음 단계로 나아간다), **그루핑·매핑**(비슷한 그룹으로 정리한 뒤 가로축과 세로축의 맵을 그려 통합

▶　趣味どきっ!. 현대인이 즐기는 다양한 취미의 일인자를 강사로 초대해 깊이 탐구하고, 동시에 초보자도 쉽게 즐길 수 있도록 소개하는 25분 방송 프로그램

정리하여 모든 참가자들의 논리를 좁혀나간다), **다수결**(여러 장의 아이디어 카드를 놓고 투표를 통해 가장 많은 표를 얻은 아이디어를 채택한다) 등이 있습니다. (지난 10년의 경험에 의하면) TENT는 이런 방법을 추천하지 않습니다. 어떤 방법을 선택하든 시시한 안건만 남는 경우가 많았거든요.

그렇다면 어떻게 아이디어를 좁혀가야 할까요?

TENT는 수많은 아이디어 가운데 **각자 좋아하는 것을 선택해서 키워나갑니다.** '모두'가 아니라 '개인'에 맡깁니다. 아이디어란 씨앗에 지나지 않아서 각자의 뇌를 자극하는 힌트일 뿐입니다. 어떤 아이디어 카드를 보고 '전혀 못 쓰겠군'이라는 사람이 있는가 하면, '이런 방식으로 전개하고 응용하면 아주 좋아질 거야!' 하는 사람도 있습니다. 각자의 인생을 살아왔으므로 당연히 느끼는 방법도 다릅니다. 그림을 너무 못 그려서 잘못 이해한 결과가 뜻밖에도 좋은 착상으로 이어지기도 합니다.

아이디어는 키우고 싶은 사람이 키우는 게 좋습니다. 다 같이 좁힐 필요가 없습니다. 참고로 '키운다'는 TENT에서 '아이디어를 넓힌다' '시제품을 만든다' '도면을 그린다'를 가리킵니다. 모두가 하나의 의견을 모았다는 '틀림없음'보다 "무조건 좋아질 거야! 하고 싶다!"라는 개인의 충동이 중요합니다. 당신의 회사에서 그런 모습이 보이지 않는다면 좋은 아이디어를 낼 수 있는 환경이 아니라는 증거입니다. 모든 구성원이 '아이디어 쟁탈전'을 할 정도로 씨앗을 쏟아내고, 자신만의 방식으로 키워나가면 분명히 재미있는 열매를 맺을 겁니다.

아이디어 내기에는 패스pass도 있다

두 사람이 시작한 TENT도 어느덧(2022년 기준) 다섯 명이 되었습니다. 인원이 늘면 각자의 주장이 많아지고, 수습이 안 되고, 시원찮은 아이디어만 나오지 않을까 우려했는데, 실제로는 매일같이 훌륭한 아이디어가 생겨납니다. 요즘은 외부 협력자까지 합쳐 6~8명이 모여도 기적 같은 아이디어가 나옵니다. 여기에는 개개인의 능력도 중요하지만 TENT만의 '요령'이 있는 듯합니다.

일명 브레인스토밍 규칙이라는 게 있습니다. '부정하지 않는다' '무슨 말을 해도 상관없는 명랑한 분위기를 만든다' '현실을 벗어난 의제를 생각한다' '모두 웃을 수 있는 재미있는 말을 한다' 등입니다.

모두 중요한 항목이지만 까딱하다가는 그 자체가 목적이 되고 맙니다. 차례대로 담담하게 아이디어만 발표하거나, 누가 누가 가장 재미있나를 겨루는 '전국 재치 자랑'이 되어버립니다. 이렇게 해서는 '좋은 아이디어를 낸다'라는 본래의 취지로부터 멀어지기 쉽습니다.

TENT는 어떻게 하고 있을까요?

우선 **발언 하나하나가 슛(좋은 아이디어)인지 패스(다른 아이디어로 연결되**

는 힌트)인지를 인식하게 만듭니다. 슛은 중요합니다. 그러나 좋은 패스를 건네는 사람도 칭찬받는 문화를 만들어야 합니다. TENT는 '(슛은 넣지 못하더라도) 패스라도 많이 건네자!'라는 의식을 갖고 있습니다.

그렇다면 '패스'도 일의 요령일까요?

그런 인식은 어떻게 생겨날까요?

축구나 농구 같은 스포츠 중계를 시청하다 보면 캐스터나 해설자가 "방금 골로 이어진 슛까지 어떤 흐름이 있었는지 되돌려 봅시다"라고 말하는 것을 듣게 됩니다. TENT는 그런 느낌으로 "그때 그 제안이 최고의 패스였어" "그전까지 정리되지 않았던 잡다한 아이디어에서 그 패스가 시작되었지"를 실컷 웃으며 이야기합니다. 결정타로 이어진 아이디어만 칭찬하지 않고 거기까지 이른 팀의 움직임을 칭찬합니다.

물론 슛을 넣은 사람도 칭찬받습니다. 모두가 참여하고, 모두의 발언이 의미를 인정받고, 모두가 칭찬받는 산뜻한 환경을 조성하자! 우리의 노력이 서서히 효과를 보는 듯해서 기쁩니다.

잊지 마세요.

아이디어 회의에는 '패스'도 있습니다.

패스의 중요성을 인식하기, 그것이 좋은 아이디어를 내는 첫걸음입니다.

그냥 ○○를 갖고 싶다

굉장한 아이디어가 생각났어! 다른 사람은 몰라도 적어도 나만큼은 마음속 깊이 원해! 여기 당신이 간절히 원하는 제품이 있습니다. 당신이 학생이라면 '대단한 기술이 필요하겠지?' '(학생 신분으로는 감당할 수 없는) 엄청난 예산이 필요할 거야' '(나 대신) 누가 만들어 주지 않을까?' '대기업에서 아이디어를 사줄지도 몰라'라는 망상만 하다가 결국 세상에 내놓지 못할 겁니다.

물론 학교를 졸업하고 사회에 진출한 지금은 그렇지 않겠죠. 요소를 분해하고, 달성하고 싶은 진정한 목적을 위해 불필요한 부분을 깎아낼 겁니다. 비록 단순한 기술일지라도 직접 만들어 실현할 수 있는 수준까지 철저히 맞출 거예요. 그 결과, 수작업으로 최소한의 기능을 갖춘 시제품을 만들어 낼 겁니다. '최고다! 분명 최고일 거야!' 그러나 그것도 잠시, 당신의 마음에 이런 생각이 차오릅니다. '이건 그냥 ○○잖아!'

그렇습니다. 너무나 잘 다듬어진 그것은 **그냥 상자**이거나, **그냥 판**이거나, **그냥 막대기**입니다. '제품이든지 아이디어든지' 무엇인가를 세상에 내놓아 간신히 생계를 유지하는 당신은 덜컥 겁이 납니다.

'이런 ○○은 누구나 만들 수 있어.'

'비슷한 사례가 수두룩하지 않을까?'

그다음은 어떻게 될까요? 자기 능력을 미덥지 못하게 생각해 다른 기능을 추가하고, 고급 소재를 사용하고, 고도의 기교를 넣는 식으로 자꾸 **집어넣습니다.** 그리고 미로에 빠져들죠. '어라? 내가 원한 게 무엇이었지?' 결과적으로 원하지 않는 결과물이 완성됩니다. 사실은 '그냥 ○○을 갖고 싶었을 뿐이었는데' 말이죠.

당신은 왜 미로를 헤매고 있을까요? 시야가 좁아서일지도 모릅니다. '그냥 ○○잖아'라는 불안을 지우려고 **아이디어나 물건을 '개선'할 생각에 빠져 있기** 때문입니다.

애초에 왜 ○○이 생각났을까? 나는 왜 ○○이 그토록 갖고 싶었나? 어떤 목적을 완벽하게 달성해야 하는가?

그렇습니다. 당신의 '첫 생각'을 제대로 **전달하는 노력으로 눈을 돌려야** 합니다.

왜냐고요? 간단합니다. 지금은 '만드는' 사람이 전해지는 시대니까요. 거짓말을 하거나 허세를 부리지 않아도 당신의 생각에 공감하는 사람으로부터 충분히 이해받을 수 있으니까요. 여기 스케이트보드가 있습니다. 이 물건을 실눈을 뜨고 멍하니 바라보면 판자와 바퀴일 뿐입니다. 그런데 이 물건에서 엄청난 묘기가 만들어집니다. 그 물건을 사용하는 '인간' 때문입니다.

고객이나 사용자를 생기 넘치게 만드는 도구.

TENT는 그것을 '그냥 ○○'이라고 부릅니다.

2장

만들자

꿈을 꿈으로 끝내지 않기 위해

"생산부터 판매까지, 모든 과정을 직접 하고 싶어요."

가끔 이런 질문을 받습니다. 지금까지는 딱히 대답해 줄 말이 없었는데 최근 들어 단순한 해답을 찾아냈습니다.

검색해서 공장을 찾는다 → 자료나 도면을 보낸다 → 견적과 납기를 확인한다

이 방법밖에 없습니다.

그런데 세상에는 '장애물이 있을 거야'라고 짐작한 채 한 걸음도 내딛지 못하는 사람들이 너무도 많습니다. 10년 전의 저도 그랬습니다. '내 힘으로 제품을 만들고 싶어!'라고 결심했지만 **시작하려면 돈이 들어가잖아**'라는 두려움에 사로잡혔습니다.

당신도 그렇지 않나요? '누가 대신 만들어 주면 안 되나?' '누가 투자해 주지 않을까?' 이 사람, 저 회사를 찾아다닙니다. 설사 일이 성사되더라도 이런 방식으로는 앞으로 나아가는 게 **너무 무겁습니다.**

　　디자이너는 물론 대부분의 B2B^{Business-to-Business} 업종은 '일을 **의뢰받고 돈을 받는다'에 익숙합니다.** 사실 생각해 보면 "자기 부담으로 하기에는 리스크가 두려워" 정도인데, 다른 사람의 돈(이나 크라우드펀딩)이 들어와야 의욕이 생긴다는 사실은 이상한 일입니다. "내 돈을 들여 하고 싶을 정도로 성공을 확신해, 다만 자금이 조금 부족할 뿐이야!"가 아니라면 사람을 끌어들이거나 투자를 받는다는 것 자체가 말이 안 되지 않을까요?

　　'리스크'라는 단어가 막연하다고요? 그럴 수 있습니다. 무척 두려운 단어죠. 그러나 **구체적으로 얼마의 돈**이 필요할까요? 막상 견적을 받아 보면 몇 번의 여행과 회식을 참으면 되는 금액일지도 모릅니다. 수백만 원 혹은 수천만 원이 들어가기 때문에 내 힘으로는 무리라고요? 함께 할 동료조차 모을 힘이 없는 사람이 **처음 손대는 프로젝트에 관심을 가질 필요가** 있을까요? 어차피 **생각은 공짜**니까 차라리 홀로 시작할 수 있는 다른 아이디어를 모색하는 게 낫지 않을까요?

**검색해서 공장을 찾고,
자료나 도면을 보내고,
견적과 납기를 확인하자.**

'작품' 말고 '시제품'을 만들자!

2022년 1월, 다이칸야마 '틴스 크리에이티브'에서 TENT와 트웰브톤twelvetone의 쓰노다 다카시角田崇의 프로젝트 유닛인 '아이돈트노'는 흥미로운 워크숍을 개최했습니다.

어린이 프로덕트 디자이너가 되자!

– 생각하고 만들고 시험하고, 집에서 쓸 수 있는 도구를 발명하자

참가자는 시부야구에 거주하는 원기 왕성한 초등학생들. 그 기운에 지지 않으려고 우리 역시 큰 목소리로 말문을 열었습니다.

* * *

도대체 '프로덕트 디자이너'가 뭐죠? 무슨 일을 하는지 아는 사람? 음, 아무도 없군요. '프로덕트 디자이너'라는 말에는 여러 가지 표현이 숨어 있는데요. 대충 이런 느낌입니다. **'뭔가 싫다'를 해결하려고 멋진**

도구를 만드는 사람! 그렇습니다. 이것이 바로 우리 일입니다.

　구체적으로 설명해 볼게요. 저는 뾰족하고 달그락거리는 열쇠가 괜히 싫었어요. 그래서 어떻게든 개선하고 싶어서 이런 것을 만들어 보았는데요. 짠! 열쇠가 스르륵 나오는 부드러운 열쇠 케이스 '키키퍼 KeyKeeper'입니다.

　그리고 다음 이야기. 회사에서 일하면 A4 용지를 자주 사용하죠. 그런데 저는 종이를 쌓아두는 게 싫더라고요. 좀 더 멋지게 놓으면 안 될까? 그래서 바로 A4 용지 500장을 세워놓는 '업라이트UPRIGHT'를 만들었습니다.

　자, 마지막 이야기. 저는 토트백을 무척 좋아하는데요. 그런데 자전거를 탈 때는 상당히 거추장스럽죠. 그래서 한순간에 배낭으로 변신하는 마술 같은 토트백 '핸들HANDLE'입니다.

도대체
프로덕트
디자이너란
무엇일까?

복사 용지를
그냥 쌓아두자니
왠지 싫어

여러 가지 표현이 있지만,
일단 우리가 하는 일은

'뭔가 싫어'를
해결하기 위한
멋진 도구를 만드는 사람

열쇠가 뾰족하고
달그락거려서
괜히 싫어

토트백을 메고
자전거를 타기 어려워서
괜히 싫어

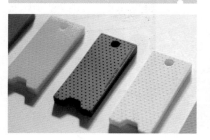

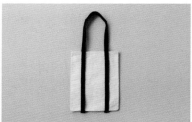

이렇듯 우리는

- **'괜히 싫다'를 발견하고**
- **멋진 도구로 해결하는**

일을 합니다. '괜히 싫다'와 '멋진 도구' 사이에 있는 '?(물음표)', 이 '비밀 방법'을 여러분에게 특별히 이야기하려고 합니다. 두둥!

'생각나는 것을 일단 종이에 그린다. 시제품을 만든다.' TENT는 이 일을 되풀이합니다. 실제로 '키키퍼'는 종이와 스테이플러만으로 시제품을 만들었고, '업라이트'는 나무판을 사용해 시제품을 만들었습니다.

물론 '(번뜩이는) 아이디어 → 시제품 → 완성'은 절대로 없습니다. 왠지 '싫음'을 해결할 방법을 생각하고, 시험하고, 생각하고, 시험하고, 생각하고, 시험하고, 생각하고, 시험하고…… 몇 번이고 생각하고 시험합니다. 미술 시간에 그려내야 하는 과제라면 작품 하나를 완성하면 끝이

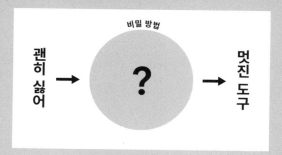

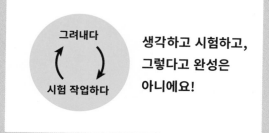

생각하고 시험하고,
그렇다고 완성은
아니에요!

괜히 싫은 것을 해결할 방법을 생각하고
시험하고 생각하고 시험하고 생각하고
시험하고 생각하고 시험하고 생각하고
시험하고 생각하고 시험하고 생각하고
시험하고 생각하고 시험하고 생각하고
시험하고 생각하고 시험하고 생각하고
시험하고 생각하고 시험하고 생각하고

겠죠. 그러나 우리 일은 작품이 아니라 '시제품'을 많이 만드는 것이 중요합니다.

자, 오늘은 겨우 두 시간밖에 주어지지 않아서 시제품 1호까지만 이야기할게요. 지금부터는 여러분의 시간입니다. 집에 돌아가 몇 번이고 해보세요. **엉성해도 상관없어요.** '아무튼 시제품까지 만들어 보는 거야'를 잊지 마세요.

좀 더 구체적으로 설명하며 마무리할게요.

① 카드 한 장에 하나씩 '괜히 싫다'고 생각한 것을 그려보자.

② '얏!' 카드 가운데에 해보고 싶은 것을 선택하자.

③ 해결 방법과 도구를 카드에 그려보자.

④ '얏!' 늘어놓은 카드 중에서 시제품으로 만들고 싶은 것을 선택하자. 시제품을 만들었다면 기왕 시작했으니

⑤ 기념 촬영을 합시다!

이제 과정을 설명했으니 시험 삼아 시작해 볼까요? 옆자리에 앉은 하루타 씨는 '괜히 싫은' 게 있으세요? 아, 키우는 고양이가 식탁 위 화장지를 먹어대는 게 괜히 싫다고요? 그럼 다 같이 생각해 볼까요. 화장지에 뚜껑을 덮으면 어떨까요? 뭘 고민하세요. 카드에 그려보세요! 오, 생각이 꼬리를 문다고요? 쭉쭉 그려보세요.

여기, 카드가 잔뜩 늘어섰네요. '이거 괜찮겠다' 싶은 카드가 있나요? 그 카드에 그려진 것을 골판지나 종이를 사용해 시제품으로 만들어 볼게요. 일단 이야기를 되돌려 여러분들의 '괜히 싫어'를 카드에 꺼내볼게요. 오, 계속 나오는군요. 어른들은 이렇게 안 되거든요. 역시 대단합니다.

이제 마음에 드는 카드를 "얏!" 정해주세요. 다른 사람이 그린 카드도 좋아요. 다른 탁자를 구경하러 가도 됩니다. '괜히 싫어'를 해결하는 도구를 카드에 그리면 됩니다.

자, 카드가 많이 모였어요! 이 중에서 시제품으로 만들고 싶은 것을 "얏!" 고르세요. 여러분을 위해 여러 도구와 재료를 갖추어 놓았으니 마음껏 척척 만드세요! 이야, 모두 집중력이 대단하군요! 다치지 않게 조심하세요. 시제품 1호를 완성한 어린이는 포토존에서 사진을 찍어도 좋습니다.

자, 보세요! 불과 두 시간 만에 '뭔가 싫다 → 해결 도구를 생각한다

→ 시제품을 만든다'를 해냈어요. 우리 어린이들 대단합니다. 정말 수고하셨어요. 완성한 시제품 사진은 다음 페이지에 나열할 테니 꼭 봐주세요.

오늘은 '첫 번째 시제품'을 만들었습니다. 이제부터가 시작입니다. 오늘 만든 시제품을 보완할 시제품 2호, 3호를 만들어 보세요. 앞으로도 '괜히 싫어'를 발견할 때마다 문제를 해결할 도구를 생각하세요. 생각하고, 시험하고, 생각하고, 시험하고…… 몇 년이 걸려도 좋아요. 일단 해보세요!

오늘 어땠나요? 여러분은 어른으로 자랄 거예요. 앞으로 살아가며 세상에 나온 제품들이 오늘처럼 많이 생각하고, 시험 작업을 거쳐서 만들어졌구나를 떠올려 주면 기쁠 거예요. 고맙습니다.

시제품: 잃지 않는 상자

시제품: 책

시제품: 알람 셸터

시제품: 비탈길 슬리퍼

시제품: 빈손 우산

시제품: 레고 삽

* * *

마지막 메모는 이런 워크숍을 개최한 동기를 적고 싶습니다. 어느 초등학교에 그림 전시회를 보러 간 적이 있습니다. 그런데 그곳에서

지정된 무엇을 만든다 ≒ 기술

자유롭게 만든다 ≒ 예술

이라는 이분법적 구도만 있다는 사실을 깨닫고 충격을 받았습니다.

목적을 위한 시행착오 ≒ 개발

그래서 이런 제작 방식도 있음을 어린이들에게 알려주고 싶다는 사명감이 들었습니다. 한 개 만들었다고 해서 완성이 아닙니다! 생각하고 시험하고…… 반복이 중요합니다.

우리가 만들어야 할 것은 '작품'이 아니라 '시제품'입니다. 어릴 적부터 이런 사고방식을 장착하면 그야말로 최강이 되지 않을까요?

세상의 모든 사물은 미완성 '시제품'일지도 모릅니다. 그렇게 생각하면 만드는 일이 두렵지 않을 거예요. 당신은 훌륭한 '시제품'을 만들 수 있는 사람입니다. 세계를 점점 고쳐봐요!

'지금'이 가장 즐겁다!
프로덕트 디자이너

2020년 10월, 니혼대학교 디자인학과에서 2주에 한 번씩 다양한 장르에서 활약하는 전문가의 이야기를 듣는 '디자인 특별 강좌'에 TENT를 초빙했습니다. 아직 진로를 정하지 못한 1학년을 대상으로 '**지금 이 시대**의 프로덕트 디자이너는 **너무 즐거워!**"라는 주제로 수업을 진행했습니다.

* * *

안녕하세요, TENT입니다.

TENT는 아오키와 하루타, 두 명으로 이루어진 작은 크리에이티브 유닛입니다. 지금은 디자이너 한 명(겐켄)을 추가로 영입해 셋이 활동합니다.

오늘 강의는 우선 두 사람의 경력을 소개하며 **프로덕트 디자이너에도 여러 가지 존재 방식이 있다**는 이야기를 던질게요. 바로 본론으로 들어갈게요. 프로덕트 디자이너의 첫 번째 존재 방식입니다.

TENT의 지난 시간으로 살펴보는
프로덕트 디자이너의 존재 방식

1 기업에서 일한다

---

1 기업에서 일한다

TENT의 지난 시간으로 살펴보는
프로덕트 디자이너의 존재 방식

1 기업에서 일한다

2 디자인 스튜디오에서 일한다

---

2 디자인 스튜디오에서 일한다

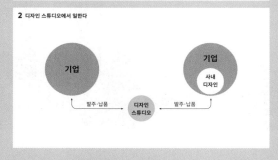

1　회사에서 일하다

아오키는 대학을 졸업하고 올림푸스에 들어갔습니다. 그리고 소니로 이직했는데, 합쳐서 6년을 대기업에서 디자이너로 일했습니다. 회사에서 기획하거나 설계를 마친 제품을 디자인하는 자리였어요. 매일 아침 정해진 시간에 출근해 책상에 앉아 컴퓨터로 작업하고, 다른 부서와 협의하고, 구내식당에서 점심을 먹고 밤이 되면 귀가하는 생활이었습니다.

2　디자인 스튜디오에서 일하다

하루타는 대학을 졸업하고 디자인 스튜디오를 선택했습니다. 디자인 스튜디오는 다양한 회사와 브랜드를 클라이언트로 두고 일하는데요. 하루타가 일한 디자인 스튜디오는 대기업이 발주한 일을 주로 했지만 구성원은 소수였다고 합니다. 출근해서 일하고, 직원들과 점심을 먹고, 다시 일하고 밤에 퇴근하는 생활이었습니다. 뭐, 특별한 이야기는 아닙니다. 여러분도 대충 상상할 수 있는 범위입니다. 이제부터 '지금 이 시대'를 이야기해 볼까요.

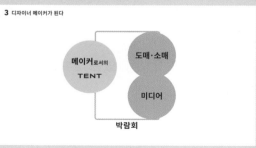

3　디자이너 메이커가 되다

　　TENT는 처음 결성할 때부터 우리가 생각한 물건을 직접 시제품으로 만들었습니다. 책을 펼쳐놓는 '북온북'이나 칠판지우개처럼 노트북이나 태블릿 PC의 화면을 닦는 '디스플레이 클리너'가 그것이었습니다. '우리가 만든 제품을 어떻게 세상에 내놓을까'를 고민하다가 인테리어 라이프스타일 박람회에 출품하기도 했습니다.

　　박람회에 나가면 무슨 일이 일어날까요? 도매와 소매 등 바이어Buyer와 이어지고, 작가나 편집자 등 미디어 관계자와 이어집니다. 실제로 박람회 덕분에 어시스트온▶과 연결되었고, 잡지《앙앙anan, アンアン》등 유명 미디어에서 소개해 주었습니다.

　　공장에 발주해 자비로 양산할 수 있었던 데에도 '박람회'라는 연결고리가 있었습니다. 우리 힘으로는 할 수 없는 연결을 통해 TENT의 제품이 고객에게 전해지고 상품으로 마무리할 수 있었습니다.

　　'메이커가 된다'는 제품을 만들어 재고를 떠안고, 유통과 미디어와 이어질 때 비로소 달성됩니다. '제품, 재고, 유통, 미디어'라는 공식으로 활동하면서 TENT만의 고유한 제품을 선보이고, 그것을 계기 삼아 다양한 의뢰를 받으며 '다음'의 존재 방식이 가능해졌습니다.

▶　AssistOn. 문구·가방·디지털 제품·가정용 잡화·교육 완구 등 장르에 관계없이 좋은 디자인, 뛰어난 인터페이스로 일상을 즐겁고 편안하게 만들어 주는 제품을 모아놓은 제안형 판매점을 표방한다.

TENT의 지난 시간으로 살펴보는
프로덕트 디자이너의 존재 방식

1 기업에서 일한다

2 디자인 스튜디오에서 일한다

3 디자이너 메이커가 된다

4 메이커와 하나가 되어 브랜드를 출시한다

---

4 메이커와 하나가 되어 브랜드를 출시한다

---

4 메이커와 하나가 되어 브랜드를 출시한다

콘셉트, 브랜드 네임, 로고, 패키지, 홈페이지, 동영상, 전단지, 부스, 디스플레이……

  NuAns

---

4 메이커와 하나가 되어 브랜드를 출시한다

DRAW A LINE

4　메이커와 하나가 되어 브랜드를 출시하다

"무엇이 될지 모르지만 같이 만들어 볼까요?"

클라이언트의 제안이 들어오는 순간부터 밤낮없이 이메일이 난무하고, 매주 회의를 계속하는 밀도 높은 1년을 보내야 합니다. 그 시간이 지나면 비로소 브랜드가 만들어집니다.

'뉴안스NuAns'는 트리니티Trinity와 TENT가 같이 만든 스마트폰인데요. 이 제품을 만들며 프로덕트 디자인은 물론 브랜드 콘셉트, 로고, 패키지, 설명서, 카탈로그, 홈페이지, 전시회 부스 등 그야말로 온갖 영역에 관여했습니다. 그건 헤이안신동공업平安伸銅工業과 협업하여 압축봉을 재정의했다는 평가를 받은 '드로어라인DRAW A LINE'도 마찬가지였어요. 모든 과정을 거쳐 제품을 만들고, 박람회에 출품해 도매, 소매, 미디어와 연결되고, 마지막으로 고객에게 도달하는 방식을 만들었습니다.

한편 TENT는 디자이너 메이커의 대선배라고 할 수 있는 트웰브톤의 쓰노다 대표와 공동으로 실험적인 프로젝트를 병행했습니다. 바로 '아이돈트노'인데요. 이 프로젝트를 통해 '디자이너 메이커 스토어'라는 낯선 방식을 경험할 수 있었습니다.

4 메이커와 하나가 되어 브랜드를 출시한다

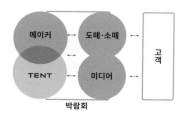

TENT의 지난 시간으로 살펴보는

프로덕트 디자이너의 존재 방식

1 기업에서 일한다

2 디자인 스튜디오에서 일한다

3 디자이너 메이커가 된다

4 메이커와 하나가 되어 브랜드를 출시한다

5 디자이너 메이커 스토어가 된다

---

5 디자이너 메이커 스토어가 된다

idontknow.tokyo

🔍 idontknow.tokyo

---

5 디자이너 메이커 스토어가 된다

5　디자이너 메이커 스토어

디자이너 메이커 스토어는 다양한 제품을 스스로 만들어 재고를 떠안고 판매하는 활동입니다. 고객과 직접 연결된다는 점에서 '신기한 존재 방식'인데요. 그전까지는 '메이커가 되려면' 박람회에 참가해서 바이어나 미디어와 이어져야 한다고 생각했는데, '아이돈트노'는 박람회에 출품하지 않고 고객에게 직접 전달하는 방식이라 TENT에겐 꽤 충격적인 사건이었습니다.

그동안 프로덕트 디자이너는 대학을 졸업하고 기업이나 디자인 스튜디오에서 일하면 된다고 생각했습니다. 그러나 TENT의 활동을 통해 디자이너 메이커 되기, 클라이언트와 모든 과정을 공유해 브랜드 만들기, 제품 제작과 판매 채널을 동시에 운영하는 디자이너 메이커 스토어 되기 등 여러 선택지가 있음을 디자인을 전공하는 여러분에게 알려주고 싶었습니다. 그럼 다음 이야기로 이어갈까요.

'디자이너 메이커 스토어'라는 새로운 존재 방식을 실현할 무렵, TENT는 오사카에 있는 후지타금속藤田金属과 '프라이팬주JIU, ジュウ'를 개발했습니다. 제품을 발매하며 후지타금속에 "홈페이지는 어떻게 할 건가요? 온라인에서는 어떻게 판매할 계획이세요?"라고 물었더니 "그 분야는 잘 몰라서요. 혹시 TENT에서 해줄 수 있을까요?"라는 답변이 돌아왔습니다.

TENT의 지난 시간으로 살펴보는
프로덕트 디자이너의 존재 방식

1 기업에서 일한다

2 디자인 스튜디오에서 일한다

3 디자이너 메이커가 된다

4 메이커와 하나가 되어 브랜드를 출시한다

5 디자이너 메이커 스토어가 된다

Combine
COOKING & EATING
into one

FRYING PAN JIU

Manufactured by the small factory in JAPAN.

🔍 JIU10

제품 디자인
패키지
설명서
카탈로그
홈페이지
온라인 스토어
고객 업무
SNS 운영

🔍 stan zojirushi

결과적으로 TENT는 디자인 업무를 넘어 홈페이지 제작, 온라인 스토어 구축, 판매, 고객 문의 대응, SNS 운영 등 온라인 프로젝트를 통째로 맡았습니다. '온라인' 방식이 주효했느냐고요? 그야말로 많은 고객들이 프라이팬주를 애용해 주었습니다. "사용감이 좋다"는 입소문까지 나면서 그야말로 '대박' 상품이 되었습니다.

그다음 발생한 일은 조금 특이한데요. TENT가 디자인에 관여한 조지루시象印의 '스탠STAN.'이라는 브랜드입니다. 대형 가전 양판점에서도 판매하는 이 제품을 TENT의 소규모 온라인 커머스에서도 판매할 수 있었는데요. 단지 제품을 나열하는 것으로는 만족할 수 없어서 TENT의 '제품 개발 에피소드'를 공개하는 방식으로 제품이 지닌 매력을 정성껏 전달했습니다.

특별한 일은 또 있습니다. 우리가 프로덕트 디자인을 맡은 킹짐KING JIM의 '샌드잇SAND IT'이라는 서류철도 TENT의 소규모 온라인 커머스에 입점시켰는데요. 이번에도 단순히 상품을 나열하는 데 그치지 않고 개발 에피소드를 덧붙여 제품의 매력을 꼼꼼히 소개했더니 발매 전 예약 판매에서 이미 재고가 부족할 정도로 큰 반향이 있었습니다.

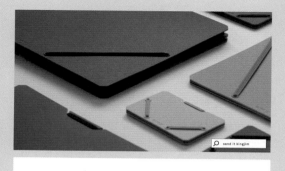

디자이너 다이렉트

고객과 직접
소통한다.

▼

지금이 가장 즐겁다!
프로덕트 디자이너

　　이러한 경험을 통해 TENT는 제품을 개발하는 주체가 제품에 대한 다양한 에피소드를 제대로 전달하기만 해도 제품을 구매하는 고객이 즐거워한다는 사실을 알았습니다. TENT는 이러한 방식을 **'디자이너 다이렉트'**라 부릅니다.

　　자, 이제 강의를 시작하며 말했던 '지금이 가장 즐겁다! 프로덕트 디자이너'의 답이 나왔습니다. 아무래도 여러분과 같은 학생이라면 교수나 공모전 심사위원의 평가가 궁금하겠죠. 물론 중요합니다. 그러나 지금은 **고객이나 사용자와 직접 소통하는 시대**입니다. 이것이 바로 지금 이 시대의 **새로운 묘미**입니다. 여러분도 두려워하지 말고 여러 가지를 시도해 보세요. 오늘 강의는 여기까지입니다. 들어주셔서 고맙습니다.

　　마지막으로 여러분에게 두 가지를 덧붙여 당부하려 합니다.

동기가 순수한가?

　　여러분은 디자이너입니다. 교수도, 심사위원도, 직장 상사도 의식하지 마세요. 여러분이 진심으로 갖고 싶고, 사용하고 싶은 제품을 철저히 만들면 됩니다. 고객에게 자기 목소리를 직접 전달하세요. 지금은 그 일을 간단히 이룰 수 있는 시대입니다. 규모가 작아도 좋습니다. 그 일을 스스로 개척하세요.

TENT가 보내는 메시지

동기가 순수한가?

교수도 심사위원도 직장 상사도 상관없다.
내가 진심으로 갖거나 사용하고 싶은 제품을 철저히 만들면 된다.
고객이나 사용자에게 자신만의 목소리를 직접 전달하자.
작으면 어때? 고객과 직접 연결되는 공간을 스스로 개척하자.

TENT가 보내는 메시지

팔로워 수?
신경 쓸 틈이 있다면
제품을 만들자

　'온라인을 통해 고객과 직접 연결하자'고 말하면 "팔로워는 어떻게 늘려야 하나요?"라는 질문이 꼭 돌아옵니다. 간단합니다. 팔로워 수 따위 신경 쓸 겨를이 없습니다. 압도적으로 '좋다'고 생각되는, 만드는 나를 설득할 수 있는 제품을 혼자서라도 꾸준히 만드세요.

　제품이 훌륭하면 팔로워는 결국 따라옵니다. 제대로 된 제품을 만들지 않았는데 팔로워 수는 많다? 세상에 그런 일은 없습니다. 일단 제품을 만드세요.

로고를 먼저 정하지 마라

"나만의 브랜드를 만들고 싶어요. 콘셉트와 로고는 정했고요. 제품 요? 제품은 **아직인데, 앞으로 개발**할 예정입니다."

아주 흔한 이야기죠. 미리 말하자면 좋지 않은 출발이에요. 비유하 자면 "연주는 해본 적 없어요. 아직 곡도 만들지 않았고요. 그래도 **밴 드 이름과 스티커는 만들었답니다**"라고 할까요.

그 마음, 충분히 이해합니다!

저도 스무 살 무렵 친구들과 팀 이름을 결정하고, 스티커와 티셔츠 를 만들었으니까요. **아무것도 하지 않은 채로 말이죠.**

TENT의 디자이너 하루타는 꿈이 만화가였답니다.

"필명을 생각하고 사인도 연구했지. 정작 **만화는 한 편도 그리지 않은 채로 말이지**"라고 덧붙이네요. 오, 새콤달콤한 청춘의 시간이여!

깃발을 달면 의욕이 생기죠. 의욕은 중요합니다. 나중에 변경할 것 을 전제로 '임시' 로고나 콘셉트라면 문제없습니다.

문제는 전문가가 빈틈없이 만든 콘셉트 자료와 로고 디자인이 존재 하지만 정작 **무엇을 만들까를 구체적으로 정하지 않은** 상태입니다.

물론 이 단계에서 시작해도 뭔가를 만들어 발표할 수 있습니다. 그러나 그런 대처(브랜드)로는 **지속할 가능성이 작아요.** 아무리 콘셉트나 로고가 훌륭해도 프로덕트(제품, 콘텐츠, 서비스)에 압도적인 가치가 없다면 브랜드를 지속하기 위한 연료(매출 등)를 얻을 수 없습니다.

처음에는 **하나로도 충분합니다.**

압도적으로 매력 있는 제품을 **만드세요.**

그런데 '처음에 로고와 콘셉트만 확정'하는 진행 방식이 왜 만연할까요?

① 제품을 구매할 때 '이름 → 콘셉트 문자 → 제품 상세 설명' 순으로 본다고 생각해 이 공식에 얽매이거나

② 회사나 클라이언트의 의사 결정권자로부터 예산을 얻으려고 프레젠테이션하면서 허풍으로 로고와 콘셉트를 만드는 거죠. '혹시 적중할지도 몰라'라고 최면을 걸면서 말이죠.

지금은 크거나 유명한 브랜드도 처음에는 히트 상품을 선보이고, 그 뒤에 시간을 들여 브랜드를 구축했을 겁니다. 프로덕트 디자인과 제품 개발로 좁힌다면 시제품을 충분히 사용하고, 제품의 본질적인 매력을 충분히 이해하고 나서 제품과 브랜드 이름을 결정해야 합니다. 로고와 콘셉트 문장을 먼저 만들고 들뜨는 모습은 새콤달콤했던 청춘에 남겨두세요. 우리는 '어른'입니다. 구체적인 제품을 먼저 만듭시다!

물건을 만들고 해야 할 일

최근 들어 개인이나 기업은 물론 여러 방면에서 "이런 제품을 만들었어요. 사람들에게 판매하고 싶은데 어떻게 하면 좋을까요?"라는 질문을 부쩍 많이 받습니다. 그때마다 이렇게 대답합니다.

제품은 이미 만들었다. 무엇을 해야 할까?

마음에 쏙 드는 제품을 만들었다고 합시다. 의외로 제품에 딸린 **설명서나 패키지**를 잊은 경우가 잦습니다. 물론 제품에 따라서는 필요 없는 경우도 있습니다. 그러나 TENT는 제품 못지않게 설명서를 중요하게 여겨 제대로 만들고 있습니다.

설명서와 패키지를 만들 때 중요한 점은 사용자가 손에 넣었을 때 설레게 하되 동시에 최소한의 재료로 간소하고 알기 쉽게 만들어야 한다는 겁니다. 택배로 도착하는 물건인가, 우편함에 배송되는 물건인가? 가게의 어떤 선반에 놓일 물건인가를 상상하며 궁리해야 합니다.

어떻게 발매해야 할까?

과거에는 제품 판매란 단순히 '매장에 어떻게 놓아둘까?'였습니다. 그러나 지금은 TENT가 이용하는 스토어스STORES를 비롯해 온라인에서 간단하게 (시험 삼아 무료부터!) 판매를 시작할 수 있습니다.

TENT는 온라인 판매를 추천합니다. 어렵지 않습니다. 제품의 매력을 충분히 전달할 수 있는 사진과 텍스트만 준비하면 됩니다.

물론 제품을 촬영하고, 재료나 크기를 적어놓았다고 끝은 아닙니다. 제품의 진정한 매력을 확실히 파악하고 충분히 검토한 뒤 **사진과 텍스트를 작업해야 합니다. 본인이 먼저 시제품을 마구 사용해 보세요.** 그러다 보면 필요한 사진과 텍스트가 저절로 떠오를 테니까요.

어떻게 발표해야 고객이 관심을 가질까?

온라인 스토어에서 판매를 시작했다고 합시다. 당연히 아무도 관심을 갖지 않습니다. 재치 있는 '입구'를 여러 개 만들어야 합니다.

첫 번째는 SNS.

SNS는 팔로워가 '공유'하면 많은 사람에게 '입구'를 알릴 수 있습니다. 물론 말처럼 쉽지만은 않아서 대부분 대충 훑어보고 맙니다. 아무리 열정적으로 장황하게 설명해도 읽지 않습니다. 좋은 영상을 만들어 보았자 재생 버튼 따위 누르지 않습니다.

방법은 무엇일까요. **최대 4장 정도의 이미지로 모든 것을 전하는 게** 좋습니다. 그래도 적은 이미지와 텍스트만으로 제품의 모든 특징을 전달할 수는 없겠죠. 좀 더 자세히 설명할 수 있는 장소가 필요합니다.

그래서 두 번째로 **제품 홈페이지**가 필요합니다. 제품의 매력을 전달할 수 있는 기본 홈페이지를 제대로 만들어 봅시다.

여기에 더해 세 번째로 **장문의 소개 글**을 준비합니다. '이것까지 알고 싶은 사람이 있을까?' 생각할 정도로 긴 글을 씁니다. 제품을 만든 개인적 동기는 물론 만들어지기까지의 우여곡절을 모조리 적습니다.

가끔은 긴 소개 글 따위는 없어도 된다는 생각이 듭니다. 그러나 기획이나 홍보하는 사람만 돋보이는 '제품 만들기'의 **과정에 다양한 사람과 일이 존재한다**는 사실을 어떻게든 전하고 싶어서 매번 쓰게 됩니다.

그리고 네 번째, **보도 자료.**

TENT는 '광고'나 '인플루언서 마케팅'을 하지 말자는 원칙을 갖고 있습니다. 대신 미디어 관계자들에게 보내는 '보도 자료'만큼은 상당히 공들여 준비하죠.▶

▶ 일본에서는 피알타임즈PR TIMES라는 서비스를 이용하면 1건에 3만 엔으로 미디어에 홍보할 수 있다.

효과가 있느냐고요? 미디어에서 독자적인 시점이나 독점 취재를 통해 모든 소재를 모을까요? 아닙니다. 매일 '보도 자료'를 보고 뉴스를 만듭니다. 과거에는 PR 회사에 많은 돈을 지불해야 미디어에서 다뤄주었겠죠. 지금은 좋은 시대입니다.

마지막으로 **박람회**입니다.

참가비를 지급하고 박람회에 참여해서 바이어와 연결하는 계기를 스스로 만듭니다. 온라인 판매가 개인 고객과 이어진다면, 박람회는 도매업자나 소매업자와 연결하는 수단입니다.

'제품은 만들었지만 무엇을 해야 할지 몰라서 난감하군.'

15년 전의 저와 비슷한 상황에 놓인 분이 있다면 저의 글이 작은 계기가 되면 좋겠습니다. 거창하게 생각하지 마세요.

우선 '할 수 있는' 일부터 해나갑시다.

'~다움'의 늪

TENT는 다양한 회사와 팀을 이루어 늘 새로운 프로젝트를 진행하고 있습니다. 감사하게도 대부분 좋은 반응을 이끌어 내 지금까지 지속할 수 있었습니다.

프로젝트가 지속할 수 있다는 것은 무척 좋은 일입니다. 그러나 거기서부터 의외로 어렵습니다. 시작할 때와는 다른 무게가 쌓여 점점 꼼짝할 수 없습니다. 저는 그 원인을 '~다움의 늪'이라고 부릅니다.

팀이나 조직이 성공하면 반드시 이런 소리가 들려옵니다.

"우리다운 일을 하자."

새로운 아이디어가 나올 때마다 이런 소리가 난무합니다.

"이건 우리답지 않아. 그만둡시다!"

그러다가 어느 순간 정신이 들면 구성원의 머릿속에 **'우리다움이란 무엇일까?'**라는 의구심이 가득 찹니다. 결국 옴짝달싹 못 하게 됩니다.

성공은 (때마침) 그때 세상에 필요한 제품을 제공했기 때문에 생겨난 겁니다. 그러나 신기하게도 시간이 지나 '우리다웠기에 성공했어!'라고 생각합니다.

'우리다움'을 계속 찾으면 '나는 무엇을 원하는가?'와 '세상에 필요한 것은 무엇일까?'를 마주할 여유가 사라집니다. 이건 마치 '자아 발견'과 같아서 다른 사람이 마음대로 정의해 주는 것을 '~다움'으로 착각할 수 있습니다. '~다움'에서 벗어나 위로, 바깥으로 쭉쭉 나아가면 좋을 텐데 말이죠.

'~다움의 늪'에 빠지지 않으면 좋으련만 말처럼 쉽지 않습니다. 세상은 성공한 프로젝트를 그냥 내버려두지 않습니다. SNS, 강연회, 인터뷰를 빌려 성공 비결을 꼬치꼬치 캐묻습니다. 처음에는 "아마 이런 느낌 덕분에 된 게 아닐까요?"라고 겸허하게 말하다가도 횟수를 거듭할수록 "우리만의 필승 비법입니다만"이라고 과장하게 됩니다. 어느덧 필승 비법이 목적으로 여겨져 더는 새로운 방식을 만들기 힘들어집니다. 결국 내부로 시선이 향하거나 과거에 머물게 됩니다.

아이디어를 언어나 방법론으로 바꾸는 일은 유효한 방법입니다. 그러나 어디까지나 아이디어를 다시 쓰기 쉬운 상태로 만드는 '도구'일 뿐입니다. **도구란 그때그때 바꿀 수 있어야 합니다.** 새로운 도구를 자꾸 만들어 내놓아야 합니다.

언어와 방법과 경험에 얽매이지 않도록, 무엇보다 '~다움'의 늪에 갇히지 않도록 가끔은 '모르겠는데?'라고 잊어버리는 것도 중요합니다.

만들고, 사용하고, 다시 고치고

프라이팬주JIU 개발 비화

2016년 봄, TENT는 철제 시제품을 만들어 줄 공장을 찾고 있었습니다. 그러던 중 후지타금속주식회사를 만났습니다.

후지타　우리 공장은 다양한 기업과 제조 위탁 도급 계약을 맺고 있습니다. 아울러 '프라이팬 이야기'라는 자체 제품을 만들고 있는데요. 철 프라이팬과 손잡이의 조합을 자유롭게 선택할 수 있는 상품으로 '일본제' '장인의 수작업' '철제라 오래 쓸 수 있는 프라이팬'이라며 크게 호평을 받고 있습니다. 고맙게도

등장인물:

후지타 세이이치로藤田盛一郎 | 후지타금속 대표

백화점이나 카탈로그 기프트,▶ 홈쇼핑에서 거래가 끊이지 않고 있습니다. 다만 여기에서 한 걸음 더 내디딜 수 없을까 하는 막연한 고민을 품고 있습니다. 그즈음에 오랫동안 알고 지내온 다케우치 가요코(드로어라인을 만드는 헤이안신동공업 사장) 씨와 오랜만에 만났습니다. 제가 "요즘 TENT 시제품을 만들고 있어요"라고 하자 다케우치 사장이 "후지타금속 상품도 TENT와 꼭 상담해야 합니다!"라고 '강력 추천'해서 상의하게 되었습니다. 첫 회의에서는 알루미늄 찻주전자나 냄비가 화제에 올랐지만, 이야기하다 보니 "역시 철 프라이팬이지"라는 방향으로 정리되었고요.

하루타　철 프라이팬으로 뭔가 새로운 일을 한다! 처음에는 왠지 설렜

▶ 예산에 맞는 카탈로그를 구입해서 보내면 선물을 받을 사람이 카탈로그에서 원하는 상품을 골라 신청해서 직접 배송받는 서비스

지만 좀 더 깊이 생각하니 '어렵겠다'는 것이 첫 느낌이었어요.

아오키 프라이팬은 오래전부터 존재해 온 도구라서 크게 모양을 바꿀 필연성이 없죠. 그렇다고 표면 처리나 색만 바꾼 채 끝낼 수는 더더욱 없고요. 그냥 무턱대고 형태를 생각해도 답이 나오지 않아서 우선 겨냥해야 할 목표가 무엇일까에 머리를 썼습니다.

누군가를 위해서가 아니라 자신을 위해

아오키 그런 막연한 상태로 시중에 나와 있는 프라이팬을 둘러보다가 문득 깨달았어요. 지금까지의 프라이팬은 엄마 혹은 셰프가 **누군가를 위해 만들어 주는 걸 전제**하고 있구나! **'조리하는 사람'과 '먹는 사람'**이 혹은 '조리하는 장소'와 '먹는 장소'가 **분리되어 있음**을 전제로 하고 있더라고요. 그러나 요즘 세상은 어떤가요? 지금 저도 그렇지만 **스스로 만드는 모습이 멋있다**고 느끼지 않나요. 어지간한 가구는 스스로 만들고 싶고, 아이 장난감도 가능하면 스스로 만들고 싶어요. 조리 기구로 말하자면 아침마다 직접 원두를 갈아 커피를 내려 마시고 싶고 요리도 하는 거죠.

하루타　시대 배경 때문이군요. 조리법 등의 노하우를 유튜브 같은 온라인에 공유하거나 (새벽 배송, 당일 배송이 가능한) 물류의 충실함, 3D 프린터 보급, DIY▶ 붐, 메이커 붐, 게다가 스스로 요리하거나 무언가를 만든 성과물을 SNS에서 부담 없이 보여 줄 수 있죠.

아오키　물론 멋있기도 하지만 누구에게나 일상적으로 흔히 있는 일이죠. 저는 아내와 아이가 부모님 댁에 가서 혼자 있을 때는 야키소바나 볶음밥을 만들어요. 물론 접시에 보기 좋게 담지 않고 **프라이팬에서 바로 먹어**버리지만요.

하루타　저도 혼자 살던 대학생 때 그런 적이 있었습니다. 라면을 끓여서 냄비째로 직접 먹는 식이죠. 조금 서글픈 마음도 들지만, **설거지가 줄어**드니까 편리하죠.

▶ Do It Yourself. 소비자가 직접 부품을 조립하여 제품을 만들어 쓰는 방식

아오키   맞아요. 효율을 중시한 나머지 결코 남에게는 보여줄 수 없는 식사가 있죠. 하지만 자신을 위해 효율적으로 조리해 먹는 일은 **정말 보기 좋은** 일인데 아깝다는 생각이 들더라고요. 그래서 자기가 만들어 자기가 먹는 그 **일련의 행위를 효율적으로 하는, 심지어 멋있게 하는** 것을 만들 수 있다면 최고라는 데 생각이 미쳐 아이디어를 다듬었습니다.

만들어도 만들어도 완성되지 않는 나날

후지타   TENT와 의논하다가 '손잡이 탈착이 가능한 프라이팬'을 만들고 싶다고 슬쩍 이야기가 나왔는데, 2주 뒤 첫 번째 회의에서 거의 최종에 가까운 스케치를 제안하셔서 놀랐습니다.

아오키   와, 확실히 놀랄 만큼 최종 형태에 가깝네요. 사실 거기에는 우여곡절이 있었습니다.

하루타   마감이 닥쳐도 너무 생각이 떠오르지 않아서 "둘이 아이디어 회의를 하자"라며 가까운 카페에 갔잖아요.

후지타   헤!

하루타   일단 '금속만으로 만든다'는 과제가 어려웠습니다. 처음에 공장 견학을 시켜주셨는데, 후지타금속은 금속 제조 가공은 잘

하지만 수지(플라스틱 등) 성형은 전문으로 하고 있지 않다는 점을 알고 있었으니까요.

아오키　손잡이를 탈착할 수 있는 프라이팬은 이미 시중에 많이 있죠. 대부분 수지를 사용해서 손잡이와 프라이팬의 잠금 기구를 구현하죠. 그래서 **'금속만으로 잠금 기구를 구현**하려면 어떻게 해야 할까'에서 생각을 시작했습니다.

후지타　아이디어를 잔뜩 냈군요!

하루타　'금속'이라는 제약이라면 집게로 집고 나사로 고정하는 방법이 바로 떠오르겠지만 이번에는 뭔가 아니라는 느낌이 들었어요.

아오키　힘주어 잡아야 하거나 나사를 돌려야 하는 식이라면 **매일 사용하는 도구**로는 조금 부적절합니다. '부드럽게 탈착되고 그대로 고정할 수 있는 기구는 없을까' 하고 끙끙 고심했습니다. 그러다 문득 생각했어요. 손잡이 구조만 고민하지 말고 프라

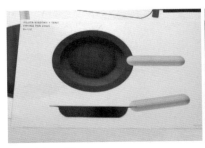

초기 제안 스케치

이팬에 뭔가 '구조'를 부여하면 되지 않을까?

하루타 프라이팬 가장자리 형상을 고안하면 손잡이가 간단하게 만들어지지 않을까 하는 아이디어예요.

후지타 그렇군요. 하지만 아직 모양이 상당히 다르네요.

아오키 바깥쪽에 큰 벽면을 두어서 거기에 손잡이를 건다. 그렇게 해서 걸치기만 했는데 안정감이 있는, 무리가 없는 손잡이 구조가 가능하지 않을까 생각했어요. 그래서 이 아이디어를 위에서 본 그림을 그렸을 때 "뭔가와 닮았네" "아, 접시처럼 보여!" 하고 주위에 테두리가 있어서 '접시다운 모습'을 실현할 수 있음을 깨달았습니다. 여기부터는 더욱 접시답게 보이도록 형태를 다듬어 갔습니다.

하루타 여기까지 와서 비로소 맨 처음 스케치의 구성에 가까워졌네요.

후지타 저는 이때 스케치와 시제품을 처음 본 단계라 '단번에 이렇게 대단한 것이 나오다니' 하고 놀랐는데, 그런 사정이 있었군요.

아오키 사실 여기부터가 고난의 시작이었어요.

후지타 확실히 이 단계부터 정말로 길었죠.

아오키 이 시점에 슬라이드 방식으로 장착하는 아이디어까지는 어떻게든 이르렀지만, 금속만으로 간단한 슬라이드 구조를 생각하기가 정말 힘들었어요.

하루타 게다가 프라이팬이 두꺼운 철판으로 이루어졌기 때문에 상상하는 것 이상으로 엄청난 하중이 걸리거든요.

아오키 우리는 '매일 쓸 수 있는' 것을 목표로 삼았으니까 가격도 저렴하면 좋겠다고 바랐어요. 그래서 극히 단순한 가공 방법을 목표로 다양한 구조를 시도했습니다.

후지타 만들어 봐야만 아는 부분도 많거든요. 시제품을 정말 많이 만들었습니다.

아오키 아무튼 금속 가공 정확도가 예상외로 불안정해서요. 도면이나 3D 프린터 모형으로는 성립하는데 금속으로는 흔들거리

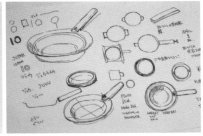

기도 하고요.

하루타 가공 난도를 낮추면서 정확도의 편차를 허용하는 구조를 어떻게 생각할 것인가?

아오키 많은 스케치와 시제품을 날이면 날마다 계속 만들었습니다. 그렇게 드디어 실용에 충분한 시제품이 만들어져 사용했는데…….

후지타 일어났죠. 아오키 씨의 **오므라이스 사건**.

아오키 맞아요. 몇 주 동안 계속 사용하면서 문제가 없는지 확인하고 휴일에 아이를 위해 오므라이스를 만들었거든요. 대량의 식재료가 담긴 프라이팬을 들어 올려 기울였더니 맥없이 구불텅하고.

하루타 내부 금속이 조금 변형되고 말았죠.

아오키 다행히 프라이팬을 떨어뜨리거나 다치지는 않았지만, 실제로 사용하면 하중 시험에서 상정한 것과 다른 예상외의 각도에

서 큰 하중이 걸린다는 사실을 알았어요.

후지타 거기부터 또 원점에서 구조를 다시 생각했군요.

아오키 자면서도 꿈속에서 구조를 검토했어요. 정말 머리가 이상해지는 상태에 빠졌습니다. 그런데 그 덕분에 또 새로운 구조를 떠올릴 수 있었어요.

후지타 드디어 구조가 완성되었다고 했죠. 다만 이것을 양산할 경우의 편차를 어디까지 제어할 수 있는지, 예를 들면 어떻게 고정하고 어떻게 용접해야 위치가 어긋나지 않는지 몇 번이나 시제품 검토를 되풀이했습니다.

하루타 시제품 때문에 사무실이 철재투성이가 되었죠.

후지타 구조가 완성된 후에도 나무 내부 구조를 0.5밀리미터만 변경하거나, 금속 두께를 조금 두껍게 하거나, 나사 위치를 몇 밀리미터 변경하거나, 용접을 궁리하거나…… 세세한 조정이 몇 달 동안 이어졌습니다.

아오키 보세요. 그 덕분에 실현할 수 있었던 이 **부드러운 탈착 기구**! 단순한 것을 만들기 위해서는 셀 수 없을 만큼 '검증'하는 과정이 필요합니다. 아무튼 이 프로젝트는 제 인생에서도 상당히 장기적인 개발과 검토 기간이었습니다. 후지타 씨는 어떻습니까?

후지타 평소에는 이렇게 새로운 구조에 도전하지 않았던 터라 상당히 지쳤어요. 몇 번이나 '이제 더는 안 되는 건가?' 싶었거든요.

하루타 그래도 발매할 수 있어서 다행입니다.

아오키 소비자가 사용할 때는 '도대체 어느 부분에서 고생했다는 거야'라는 생각이 들 정도로 단순하고 위화감 없는 제품으로 마무리되었습니다. 지금까지 이야기한 고생담 따위는 잊고 부담 없이 매일 사용해 주시길 바랍니다.

후지타 잊을 수가 없다고요!

하루타 잊어버릴 만큼 오래 이 프라이팬을 사용합시다.

후지타 확실히 철 프라이팬은 쓰면 쓸수록 사용하기 쉬운 평생 도구니까요.

'만들다'와 '먹는다'를 하나로 합니다. 동네 공장이 만드는 철 프라이팬 '주'. ▶ 꼭 한번 사용해 보세요.

▶ ジュウ. 숫자 10을 뜻하는 일본어. 분리한 손잡이와 팬을 나란히 놓으면 10처럼 보인다.

3장

의심하자

디자인 따위 모른다!

2019년 7월, 도쿄공업대학 학생으로부터 이런 메일을 받았습니다.

"학생들은 기능과 가격에만 가치를 두는 경향이 있습니다. 그러나 귀사가 만드는 제품의 가치는 그것만은 아닌 듯합니다. **그것은 무엇인가? 어떻게 하면 만들어 낼 수 있는가?** 그 점을 도쿄공업대학에서 말씀해 주실 수 있을까요?"

젊은 학생들을 만날 수 있는 모처럼의 기회인지라 우리가 평소 하는 '디자인'이라는 작업에 대해, 거기에서 생겨나는 '가치'란 무엇인가를 돌아보며 주어진 한 시간 안에 성심껏 이야기하고 돌아왔습니다.

등장인물:

쓰노다 다카시角田崇 | 트웰브톤twelvetone 대표, 아이돈트노idontknow.tokyo 멤버

센스나 멋은 상관없다

안녕하세요. 우선 이번 행사의 취지를 확인할게요. 애초에는 주최자인 도쿄공업대학 학생이 '아이돈트노(TENT와 트웰브톤 쓰노다 대표의 프로젝트 유닛)'의 '힌지(45쪽)'를 구입한 게 계기였습니다. '힌지'가 대단히 마음에 들었다는 학생은 친구로부터 "생협에서 파는 300엔짜리 클립보드와 뭐가 달라?"라는 말을 들었다고 합니다.

우리는 이 질문이 매우 흥미로웠습니다.

왜냐하면, 평소에는 '디자인에 가치가 있는가?'라는 원초적인 지점까지 되돌아갈 기회가 없기 때문입니다. 그래서 오늘은 '디자인의 가치란 무엇인가?'를 말씀드리고 싶은데요. 어떤 단어나 개념을 정의하고, 업계 사정 같은 딱딱한 이야기가 아니라 주어를 명확히 해서 '우리가 무엇을 하고 있는가'를 격식 없는 형태로 이야기하려 합니다. 잘 부탁드립니다.

도쿄공대 학생이 작성

아이돈트노가 제작

자, 한 가지 구체적인 예를 들겠습니다. 왼쪽 위의 이미지는 '디자인 따위 모른다'라는 이번 행사의 취지를 도쿄공대 학생이 한 장으로 정리한 전단입니다. 왼쪽 아래 이미지는 아이돈트노가 같은 내용을 정리한 전단입니다. 어디까지나 같은 정보입니다. 둘의 차이점은 무엇일까요?

한 가지 단언할 수 있는 건 둘의 차이는 '센스'나 '멋'과는 전혀 관계없다는 겁니다. 그렇다면 아이돈트노는 무엇을 했을까요? 답은 **'우선순위 부여'**입니다.

단언합니다.
'센스'나 '멋'은
전혀 상관없습니다.

그러면 무엇을 했다는 거야?

우선순위 부여입니다.

단순한 문자 정보

도쿄공업대학 이공계 학생 능력 발견·개발 프로젝트 제14회 심포지엄 디자인 따위 모른다 우리가 생각하는 물건의 가치 일시: 2019년 11월 12일(화) 18시~20시 장소: 도쿄공업대학 오오카야마 캠퍼스 서 강의동 1렉처 씨어터 참가비: 무료 당일 참가도 가능하지만 혼잡 완화를 위해 QR코드를 통해 사전 신청에 협조해 주십시오. 인기 디자이너와 인기 스토어 대표가 재미있는 상품을 가지고 이야기하는 두 시간. 어느 날, 도쿄공업대학의 학생으로부터 이런 상담을 받았습니다. "학생들은 기능과 가격에만 가치를 두는 경향이 있습니다. 그러나 귀사가 만드는 제품의 가치는 그것만은 아닌 듯합니다. 그것은 무엇인가? 어떻게 하면 만들어 낼 수 있는가? 그 점을 도쿄공업대학에서 말씀해 주실 수 있을까요?" 모처럼의 기회이므로, 제품이 넘쳐나는 이 시대에 계속 제로(0)에서부터 제품을 만들어 내는 우리 아이돈트노, 그리고 기능과 가격만이 아닌 가치를 지닌 독특한 제품을 취급하는 인기 스토어 어시스트온이 함께 '가치'에 관해 이야기하기로 했습니다. 강사: 오스기 노부오, 쓰노다 다카시, 하루타 마사유키, 아오키 료사쿠 주최: 도쿄공업대학 학생지원센터 자율 지원 부문 이공계 학생 능력 발견·개발 프로젝트 yamada.e.aa-rikoproject@ml.m.titech.ac.jp 03-5734-7629

행갈이를 통해 정보 요소 정리하기

도쿄공업대학 이공계 학생 능력 발견·개발 프로젝트 제14회 심포지엄
디자인 따위 모른다 · 우리가 생각하는 물건의 가치 -
일시: 2019년 11월 12일 (화) 18시~20시
장소: 도쿄공업대학 오오카야마 캠퍼스 서 강의동 1렉처 씨어터
참가비: 무료
당일 참가도 가능하지만, 혼잡 완화를 위해 QR코드를 통해 사전 신청에 협조해 주십시오.
인기 디자이너와 인기 스토어 대표가 재미있는 상품을 가지고 이야기하는 두 시간.
어느 날, 도쿄공업대학의 학생으로부터 이런 상담을 받았습니다. "학생들은 기능과 가격에만 가치를 두는 경향이 있습니다.
그러나 귀사가 만드는 제품의 가치는 그것만은 아닌 듯합니다. 그것은 무엇인가? 어떻게 하면 만들어 낼 수 있는가? 그 점을 도쿄공업대학에서 말씀해 주실 수 있을까요?" 모처럼의 기회이므로, 제품이 넘쳐나는 이 시대에 계속 제로(0)에서부터 제품을 만들어 내는 우리 아이돈트노와, 기능과 가격만이 아닌 가치를 지닌 독특한 제품을 취급하는 인기 스토어 어시스트온이 함께 '가치'에 관해 이야기하기로 했습니다.
강사: 오스기 노부오, 쓰노다 다카시, 하루타 마사유키, 아오키 료사쿠
주최: 도쿄공업대학 학생지원센터 자율 지원 부문 이공계 학생 능력 발견·개발 프로젝트
yamada.e.aa-rikoproject@ml.m.titech.ac.jp 03-5734-7629

요소를 블록으로 본다

도쿄공업대학 이공계 학생 능력 발견·개발 프로젝트 제14회 심포지엄
디자인 따위 모른다 · 우리가 생각하는 물건의 가치 -

일시: 2019년 11월 12일(화) 18시~20시
장소: 도쿄공업대학 오오카야마 캠퍼스 서 강의동 1렉처 씨어터
참가비: 무료
당일 참가도 가능하지만, 혼잡 완화를 위해 QR코드를 통해 사전 신청에 협조해 주십시오.

인기 디자이너와 인기 스토어 대표가 재미있는 상품을 가지고 이야기하는 두 시간.
어느 날, 도쿄공업대학의 학생으로부터 이런 상담을 받았습니다. "학생들은 기능과 가격에만 가치를 두는 경향이 있습니다. 그러나 귀사가 만드는 제품의 가치는 그것만은 아닌 듯합니다. 그것은 무엇인가? 어떻게 하면 만들어 낼 수 있는가? 그 점을 도쿄공업대학에서 말씀해 주실 수 있을까요?" 모처럼의 기회이므로, 제품이 넘쳐나는 이 시대에 계속 제로(0)에서부터 제품을 만들어 내는 우리 아이돈트노와, 기능과 가격만이 아닌 가치를 지닌 독특한 제품을 취급하는 인기 스토어 어시스트온이 함께 '가치'에 관해 이야기하기로 했습니다.

강사: 오스기 노부오, 쓰노다 다카시, 하루타 마사유키, 아오키 료사쿠

주최: 도쿄공업대학 학생지원센터 자율 지원 부문 이공계 학생 능력 발견·개발 프로젝트
yamada.e.aa-rikoproject@ml.m.titech.ac.jp 03-5734-7629

구체적으로 설명할게요.

왼쪽 위의 그림은 이번 행사 내용을 그대로 타이핑한 겁니다. 가운데 그림에서는 내용에 따라 행갈이를 했습니다. 여러분도 메일을 쓸 때 행갈이를 하시죠. 맨 아래 그림에서는 각각의 정보를 그룹으로 파악해 개별 블록으로 나누었습니다.

이 페이지 아래 그림에서는 각 블록에 **'우선순위'를 매겨 블록 면적을 달리**했습니다. 어떤가요? 이것만으로도 정보를 파악하기 쉬워지지 않았나요?

자, 여기에서 두 가지 사소한 '비밀'을 말씀드릴게요.

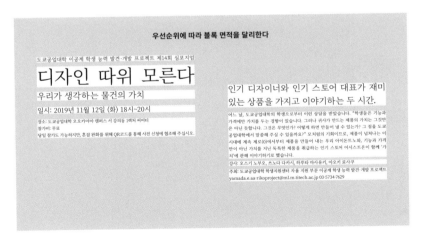

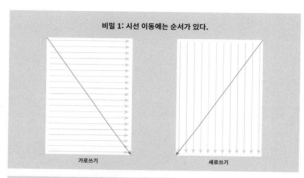

비밀 1: 시선 이동에는 순서가 있다.

가로쓰기

세로쓰기

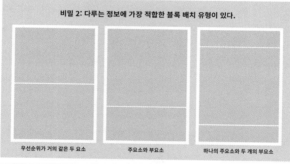

비밀 2: 다루는 정보에 가장 적합한 블록 배치 유형이 있다.

우선순위가 거의 같은 두 요소

주요소와 부요소

하나의 주요소와 두 개의 부요소

시선 이동 순서와 최적의 블록 배치에 따라 정보의 순서와 중요도를 정리한다.

왼쪽 위 그림이 첫 번째 '비밀'입니다. 상당히 대략적인 설명이지만 기본적으로 가로쓰기는 왼쪽 위에서 오른쪽 아래로, 세로쓰기는 오른쪽 위에서 왼쪽 아래로 시선을 이동합니다.

가운데 그림은 두 번째 '비밀'입니다. 종이 한 장을 분할하여 몇 개의 '블록'을 만들 수 있는데 그 레이아웃은 대략 몇 가지 기본 유형이 존재합니다.

자, 두 가지 비밀(시선 이동의 순서와 블록 배치의 유형)을 의식하면서 앞의 정보를 배치해 봅시다. 쓱쓱 적용합시다. 그렇게 해서 만들어진 결과물이 이번 전단입니다. 물론 실제로는 이렇게 원활한 속도로 진행되지 않습니다. 길을 헤매고, 세부 조정을 숱하게 해야 하지만 '우선순위 부여'를 의식하기만 해도 여기까지는 가능합니다.

처음에 '상관없다'고 단언한 요소가 있었죠. 바로 '센스'나 '멋'인데요. 이 요소들은 얼마든지 나중에 만들 수 있습니다. 예를 들면 다음 페이지 아래 그림의 느낌이죠. 정보 구조는 일절 바꾸지 않았지만, 배경과 폰트와 종이를 바꿈으로써 이른바 '베리에이션'이 가능합니다.

세부 조정해 완성

우선순위 부여만으로
여기까지는 가능합니다.

단언합니다.
'센스'나 '멋'은
전혀 상관없습니다.

이쯤에서 지금까지 한 작업을 되돌아봅시다. 먼저 처음에 '목적'이 있습니다. 이번 경우는 전단이므로 '모객을 위한 고지'가 목적이 되겠죠.

두 번째가 '요소'입니다. 일시, 장소, 개요, 사진, 주최자, 지도 등입니다.

그리고 세 번째, 우리가 중요시하는 '우선순위 부여'입니다. 그루핑이나 크기 최적화를 했어요.

네 번째, 그것들을 최적의 위치에 배치하고요. 마지막으로 '장식', 앞에서 '베리에이션'이라고 소개한 것이죠.

이 다섯 가지 작업 단계에 근거해 학생들이 정리한 전단을 살펴보면 목적과 요소가 있고 그것을 그대로 배치해 장식하는 데 그쳤습니다. **'우선순위 부여'를 건너뛰어** 버린 거죠. 한편 아이돈트노가 제작한 전단은 우선순위 부여를 명확히 하고 장식은 하지 않은 상태입니다.

이렇게 두 가지 전단을 비교해 '우선순위 부여'의 중요성을 말씀드렸는데 수긍하셨나요? 이해했다면 다음 이야기로 넘어갈게요.

목적	모객을 위한 고지
▼	
요소	일시, 장소, 개요, 사진, 연락처
▼	
우선순위	그루핑 크기 최적화
▼	
배치	최적의 위치에 레이아웃
▼	
장식	폰트, 색, 꾸밈

입체물도 대체로 같다

지금까지는 전단, 즉 평면을 이야기했는데 아이돈트노의 본업은 프로덕트 디자인이므로 '입체물을 만드는' 업무가 주가 됩니다. 따라서 우리 시선에서 보면 앞에서 언급한 다섯 단계는 입체물에도 대략 적용할 수 있습니다.

다음 페이지 위의 일러스트레이션은 킹짐에서 발매한 '아루샷토'라는 제품입니다. 손을 가까이 대면 센서가 감지해 알코올을 분무해 주는 자동 손 소독기죠. 만질 필요 없이 소독할 수 있어서 공장이나 공공시설에서 편리하게 사용할 수 있습니다.

아래 일러스트레이션은 '텟테'라는 제품입니다. 같은 킹짐의 상품으로, '카라'라는 디자인 사무소가 담당했는데 역시 자동 손 소독기입니다. 둘 다 같은 역할입니다. 그런데 무엇이 다를까요? 어디까지나 아이돈트노의 시선이지만, 한번 꼼꼼히 살펴볼까요?

우선 아루샷토. 목적이 있고 요소가 있죠. 그에 비해 우선순위나 배치를 건너뛰고 장식했어요. 즉, 내장물을 설계하고 그것을 전제로 외장을 씌운 흐름이라고 할까요. 그리고 텟테. 우선순위를 명확히 매기고, 배치와 장식까지 빈틈없이 진행했다고 우리는 파악했습니다.

여기에서 한 가지 중요한 이야기를 할게요. 한마디로 '우선순위 부여'라고 하지만 그리 간단하지만은 않습니다. 설계 쪽의 사정이 아니라

아루삿토(도식)

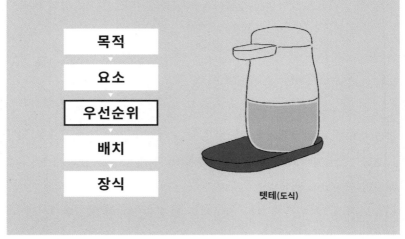

텟테(도식)

사용자에게 '제품이 무엇인가?'를 고민할 필요가 있습니다.

- 생활 공간에서도 위화감이 없다.
- 어른도 아이도 친밀감을 가진다.
- 무심코 손대고 싶다.

텟테는 이런 점을 고려한 뒤에 우선순위 부여를 생각했으리라고 파악됩니다. 그렇게 끌어낸 **'그 제품이 무엇인가?'**는 '나도 모르게 손대고 싶어지는 귀여운 보틀'이 아닐까 하고 우리는 상상했습니다. 이 말에서도 우선순위나 배치에서 반드시 고려해야 할 요소인 '손대고 싶어지는' '보틀'과 장식의 필수 요소인 '귀여운'이 존재하죠.

어떤가요? 입체물에 대해서도 이런 느낌으로 볼 수 있다는 사실을 이해했나요? 드디어 본론입니다.

목적부터 생각하는 아이돈트노

우리 아이돈트노의 '힌지'에 대해 "100엔 숍 클립보드도 좋잖아. 클립보드와 뭐가 달라?"라는 의문을 갖는 분이 계실 겁니다. 그 의문에 답할게요.

손대고 싶어지는
귀여운 보틀

장식   우선순위·배치

뭔가 아니야!

글씨를 쓸 때 클립이 손에 닿아 방해
클립이 시각적인 노이즈가 된다
가방에 넣으면 종이가 엉망이 된다
등등······

| 목적 |
| 요소 |
| **우선순위** |
| 배치 |

장식

**세상에서는 충분하다고 해도
나는 불만이 가득하다!**

일단 클립보드부터 살펴봅시다. 목적(낱장으로 흩어진 종이를 모아서 쓰고 싶다)이 있고, 요소(클립과 딱딱한 판)가 있고, 그것을 무리 없이 그대로 배치했고요. 어라? 아무것도 건너뛰지 않았어요. 제대로 했네요. 하지만 우리는 이것에 대해 '뭔가 아니야!' 하게 되더라고요.

예를 들면 글씨를 쓸 때 클립이 손에 닿아 방해된다든가 가방에 넣으면 종이가 엉망이 된다든가요. 즉, 세상은 클립보드에 충분히 만족할지 모르지만 저는 불만이 잔뜩 쌓여 있었습니다. "세상 따위 알 바 없어! 우리는 불만이 있다고! 그러니까 새로운 물건을 만들 거야!" 이것을 우리는 '아이돈트노 한다'라고 합니다. 바로 아이돈트노의 활동 지침이기도 합니다.

자, 앞에서 말한 다섯 단계에 따라 진행해 볼까요.

애초에 목적 부분에서 "우리는 종이를 묶어서 쓰고 싶은 게 아니야. **언제 어디서나 아이디어를 내놓을 수 있는 물건을 갖고 싶어!**"임을 깨달았습니다. 그래서 요소부터 다시 생각해야 합니다. 아이디어를 내기 위해서는 아이디어 그 자체와 마주할 필요가 있으므로 아무튼 **'방해물이 없는'** 것이 중요합니다. 필요한 것은 종이와 펜뿐이죠. 그것을 최우선으로 생각하다 보면 클립이 아니라 작은 주머니 같은 것으로 충분하지 않나 싶기도 하고, '펜은 끼우면 좋겠네'라든지 '가지고 다닐 수 있게 덮개를 달고 싶다'라든지 클립보드와 다른 요소가 나옵니다. 그런 몇 가지 요

아이돈트노 한다!

idontknow.tokyo

목적

애초에 우리는
종이를 묶어서 쓰고 싶은 게 아니야.
언제나 어디서나
아이디어를 내놓을 수 있는 물건을 원해!

그래서 우리라면 이렇게 답합니다.

애초에 목적부터가 달라

가격이 300엔이 되지 않는, 될 수 없는 이유는 구두로.

소를 가장 필연성 있는 순서로 배치해 만든 것이 이 제품입니다.

덮개를 휙 넘기면 새하얀 종이와 펜만 나타납니다. 바로 그려내고 싶다는 충동에 1초의 동작으로 응하는 단순한 도구입니다.

그리고 마지막으로 장식이죠. 아이돈트노 제품은 가능한 한 장식을 없애고 '생각하기 위한 최소한의 요소'로 합니다. 가령 접는 부분에 아주 작은 로고가 있죠. 이것으로 위아래 방향을 알 수 있는 기능성도 있지만, 무엇보다도 이런 미세한 글자가 있으면 왠지 좋은 도구처럼 보여서 자랑하고 싶은 마음이 들지 않을까요? 그렇게 완성된 결과가, 최고의 아이디어를 낳는 가장 최소한의 도구 '힌지'입니다.

따라서 만약 클립보드와의 차이점을 전달해야 한다면 "무슨 소리야. 원래 목적부터가 다른데"라고 말할 겁니다. 컵과 물통을 나란히 놓고 "뭐가 달라"라는 정도의 이야기겠죠. 납득됐을까요?

 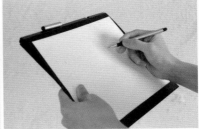

힌지

최고라는 가치가

아니라

최적이라는 가치

최적은 하나가 아니다

자, 여기에서 마지막으로 전하고 싶은 말이 있습니다. '힌지'의 사례에서 이해할 수 있겠지만, 아이돈트노가 만드는 제품은 '최고라는 가치'를 목표로 삼지는 않습니다. 어디까지나 스스로에게 **'최적이라는 가치'를 목표로** 만들고 있습니다.

'최적'이란 결코 하나가 아닙니다. 사람에 따라 상황에 따라 시대에 따라 여러 가치가 존재해도 좋습니다. 지금은 인터넷으로 무엇이든 찾아볼 수 있는 시대죠. "그런 것은 이미 있어요. 저것과 똑같잖아"라고 말하기 쉽습니다. 그때마다 자신에게 '아이돈트노!'라 단언하고, 자기만의 '최적'을 만들어 낸다면 반드시 좋은 일이 일어날 겁니다.

사각을 둥글린다

   네모난 판이 있다고 합시다. 예를 들면 이런 느낌의 조금 두툼한 정사각형 판. 정사각에 모서리가 뾰족한 이 판(A). "왠지 날카로울 것 같으니 둥글게 깎아줘"라는 말을 듣는다면 어떻게 하겠습니까?

윗면

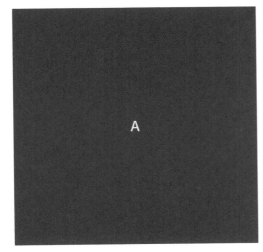

정면

우측면

예를 들어 모서리 같은 곳
을 다 둥글게 깎아보면 어떨
까요? 이런 느낌(B). 그러면
더욱 둥글게 해볼까요(C)?

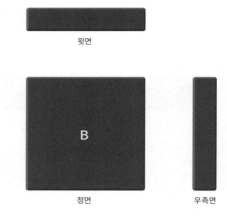

"음, 조금 너무 둥그레졌
어. 뭔가 아니네요." "뭔가 다
른 느낌으로 둥글게 해줘."
　세상에, 이런 말을 들었다
고 합시다.

다른 느낌으로 둥글게. 아! 예를 들어 이런 느낌은 어떨까요(D)? 정면에서 볼 때 네 귀퉁이만 둥글게 해보았습니다. 뭔가 여러분이 가지고 다니는 스마트폰이 생각나네요.

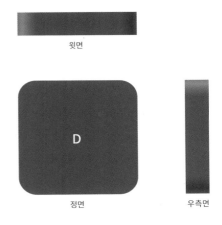

오늘은 모처럼이니까 '네모난 물건을 둥글게 깎는' 다른 방법을 찾아보겠습니다. 판이지만 뭔가 둥실둥실한 느낌은 어떨까요(E)? 오, 뭔가 이것 나름대로 부드러운 느낌이네요.

음, 또 무엇이 있을까요?
그래, 좌우만 아주 둥글게 할
수도 있겠죠(F). 뭔가 잡기 쉬
워 보여요.

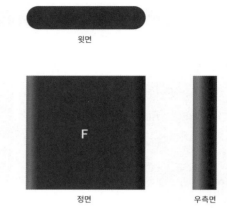

좌우가 아니라 위아래를
둥글게 해보면 어떨까요(G)?
이것은 이것대로 또 다르게
보이네요.

또 있을까요? 음, 예를 들어 뒤쪽을 동글동글하게 한 느낌은 어떨까요(H)? 뭔가 어딘지 모르게 그릇처럼 되었네요. 많이 생각한 느낌이 들지만 조금 더 꺼내볼까요?

둥글리는 방향을 조금 바꾸어보면 어떨까요(I)? 와, 뭔가 의미 있는 느낌.

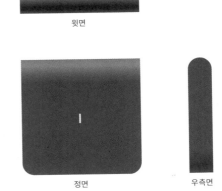

이런 것도 가능하겠죠(J).
그러면 마지막으로 둥글게 하
지만 각진 부분도 남기는 듯
이 해봅시다(K).

자자, 여러 방법을 생각했
는데요. 오늘은 여기까지.

인상이란 사소한 데서 달
라집니다. 3면도▶만으로도
입체를 생각하고 전달할 수
있어요.

이런 점을 느끼셨다면 좋
겠습니다. 그리고 일상생활
속에서 '아, 이것은 저 방법으
로 둥글린 사각형이다'를 찾
아내 즐겨주면 기쁘겠습니다.
우리가 만들어 온 여러 제품
과 대조해도 재미있겠네요.

윗면

J

정면

우측면

윗면

K

정면

우측면

▶ 정면도, 평면도, 측면도를 가리킨다.

신입이 할 일은 바로 "왜?"

취직이나 이직으로 새로운 환경에 막 들어서면 무엇부터 손대야 할지 모르거나 주위의 시선이 신경 쓰여서 긴장되기 마련입니다. 제가 열여덟 살에 오므라이스 가게에서 아르바이트를 할 때도 그랬습니다. 그때 점장님에게 이런 말을 들었는데요. 사회인이 된 지금도 큰 도움이 되어서 나눌까 합니다.

처음이라는 환경은 모르는 것투성이라 기억할 것 천지입니다. 일하는 방법을 들으면 메모하기만으로도 벅차죠. 그래도 그때마다 "왜죠?"라고 묻는 게 중요합니다.

그렇다면 이것이 왜 신입이 할 '일'일까요? 신입만이 아니라 **가르치는 쪽에도 배움이 생기기** 때문입니다. 업무에 익숙한 선배에게는 'A일 때 B를 하는' 것이 머리를 쓰지 않아도 당연합니다. 그런데 반대로 말하면 개선의 여지가 있는데 머리를 쓰지 않을 가능성이 있습니다. 바로 이때 신입의 "왜죠?"라는 질문은 선배를 포함한 팀 전체를 개선하는 귀중한 기회입니다. 그리고 이는 신입에 국한된 이야기가 아님을 나중에 깨달았습니다.

TENT를 결성하고 그야말로 다양한 장르의 수많은 회사와 함께 제품을 만들었습니다. 그때마다 의뢰하는 곳에서는 당연한 일이 우리 같은 외부 디자이너에게는 모르는 것투성이였습니다. 그때마다 아는 척하지 않고 "왜죠?"라고 질문합니다. 이를 통해 서로에게 중요한 깨달음을 얻은 경험이 여러 번 있었습니다.

당연한 것에 "왜?"를 되풀이합니다. 아는 것 같아도 '모른다'고 생각합니다. 그런 '아이돈트노 한다' 정신은 신입이기에, 외부이기에, 비전문가이기에 오히려 쉽습니다.

신입이 할 일은 "왜?"를 묻는 겁니다. 이것을 전제로 귀찮아하지 않고 질문에 답할 수 있는 팀이 만들어지면 좋겠습니다.

대량 생산이란 도대체 몇 개일까?

'프로덕트 디자이너'로 일해서일까요. 가끔 '대중을 겨냥해 대량 생산을 하는 사람'이라는 말을 듣습니다. 요즘은 '대량 생산'이라는 말이 부정적인 의미로 쓰이죠. 여기서 잠깐, 그렇다면 대량 생산이란 도대체 몇 개일까요? 10? 100? 1,000? 아니면 10,000일까요?

북온북은 '무려' **30개**부터 시작했습니다. 아이돈트노 구성원 세 명이 만족하기 위해 만든 힌지의 경우 조심스레 발주한 초기 수량은 **1,000개**였습니다(물론 순식간에 매진되었죠). 힌지는 지금까지 **수만 개** 팔렸고, 여전히 종종 품절 사태를 빚습니다.

큰 이야기 다음은 작은 이야기입니다. 오직 한 사람, 우리 아이를 위해 만든 '#어떻게든 하는 공작'이라는 시리즈가 있습니다. '#어떻게든 하는 공작'도 '힌지'도 시작은 마찬가지였습니다. '가까운' 사람이 만족할 제품을 만든다, 딱 그만큼입니다.

일반적으로 대량 생산이라고 하면 '대중'이라는 막연한 대상을 상정해 만들거나 공장의 공해나 쓰레기 처리장 이미지가 떠오릅니다. 그 결과로 '대량 생산은 왠지 싫어'라고 생각하게 됩니다. 그런 사람들에게 대량 생산의 어떤 점 때문에 싫어하느냐고 물으면 단지 "너무 많이 만들어서요"라는 대답이 돌아옵니다. 과하게 만들면 좋지 않기는 집밥도 똑같죠. **양산에는 그저 지혜와 궁리**밖에 없습니다. 최적의 물건을 최적의 분량으로 만들면 아무 문제가 없습니다.

　"대량 생산은 좋지 않아. 공장도 좋지 않아. 그러니까 제품 1개, 수제품, 작가의 예술작품, 장인이 정성껏 만든 물건이 좋아!" 그런 대립축을 만들 필요는 없습니다. 상황에 따라 최적의 해답이 있을 뿐입니다.

　1개, 10개, 100개, 1,000개, 10,000개…… 온갖 단위의 물건을 만들어 온 경험을 가진 입장에서 최적의 물건을 최적의 수량으로 만드는 데 능한 '적정량 생산 프로덕트 디자이너'라는 이름을 붙여야 하나, 그것이 요즘 저의 고민입니다.

딸을 위해 골판지로 만든 책가방 #어떻게든 하는 공작

더는 속지 않는 디자이너 식별법

일본 각지에서 열리는 행사에 참가할 때마다 중소기업 관계자들에게 듣는 말이 있습니다.

"예전에 디자이너에게 의뢰했다가 **엄청난 금액을 청구받고 팔리지 않는 제품만 쌓였어요.**" "디자이너는 **작품만 만들고 싶어 하고 팔리는 제품을 만들지 않아요.**"

거의 '반드시' 듣는 말이니 실제로 그런 일이 과거에 빈번했는지도 모릅니다. 왜 그런 일이 일어났을까요? 인터넷이 보급되기 전이어서가 아닐까 싶습니다.

인터넷 이전에는 '프로덕트 디자이너를 찾자!'라고 해도 마땅한 방법

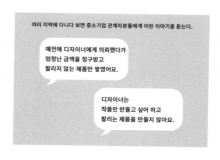

이 없었습니다. 신문 방송 등 미디어가 소개하는 사람에게 연락하거나, 관련 단체에 연락해 소개받는다거나, 대학의 디자인 학과에 문의하거나, 각종 디자인상 연감에서 사람을 찾는 게 전부였습니다.

당시 디자이너들에게는 이런 여러 요소가 일과 신용을 얻는 데 중요했을 겁니다. 거의 사활이 달린 문제가 아니었을까요? 기업에서는 신제품을 개발하며 '이 제품이 널리 알려지고, 많은 사람이 사주고, 오래 애용하면 좋겠다'는 청사진을 그렸지만, 당시 디자이너는 '화제가 되는 제품을 만들어 미디어에 소개되고, 대기업이나 유명 디자인 스튜디오에 소속되고, 디자인상을 수상하면 좋겠다'를 목표로 삼았을지도 모릅니다.

이처럼 기업과 디자이너 간의 '목표 불일치'가 이 글을 시작하며 언급한 불행한 결과로 이어지지 않았을까 싶습니다(어쩌면 지금도 일어나고 있을지 모릅니다). 이러한 목표 불일치를 피할 방법은 없을까요?

(기업이나 브랜드에서) 좋은 디자이너를 찾고 싶으세요? **'아주 좋다'고**

왜 그런 일이 일어났을까?		
'인터넷이 보급되기 전이어서일 거야'		
라고 생각합니다.		

당시 디자이너 입장에서 보면	
미디어	관련 단체
대학	디자인상 연감
이런 요소가 일과 신용을 얻는 데 중요	
했을 것이다.	

생각한 제품을 기점으로 깊이 검색하기, 그것밖에 마땅한 방법은 없습니다. 사용자나 고객이 디자이너의 경력을 보고 제품을 살 리는 없으니까요. 사용자나 고객은 그 제품을 갖고 싶어서 구입합니다. 그렇다면 할 일은 간단합니다. '아주 좋다'고 여기는 제품이 있다면 '제품명 디자이너' '제품명 디자인했습니다'로 검색하면 됩니다. 미디어 기사는 물론 디자이너 개인 SNS에서도 찾아낼 가능성이 큽니다. **'사람이나 경력보다 제품에서 찾자!'**, 저의 제안입니다.

자, 괜찮은 후보를 찾았다고 합시다. 이제 그중에서 **누구를 선택하면 좋을까**라는 단계로 넘어갑니다. 이때 중요한 건 해당 프로젝트에 최적인 디자이너인가 아닌가 하는 점에 앞에서 열거한 '미디어, 관련 단체, 대학, 수상 경력'은 어떠한 보증이 되지 않는다는 겁니다.

물론 네 가지 요건이 나쁘다는 뜻은 아닙니다. 그러나 이 네 가지 요건은 다른 사람이 설정한 심사 기준입니다. 그보다는 자기만의 심사 기

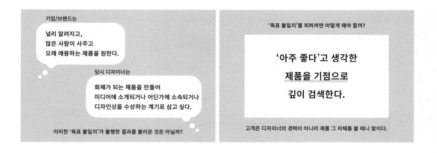

준으로 판단하는 게 좋다는 이야기입니다. 그렇다면 어떤 기준으로 판단해야 할까요? '그 사람이 **개발에 관여한 제품을 직접 사서 사용하고 만족하는가?'를 중시**하는 겁니다. 내 돈을 들여 사서 사용하고 진심으로 만족한 제품이 있다면 그 제품을 만든 사람과 근본적인 부분에서 가치관을 공유할 가능성이 크지 않을까요? 프로젝트를 시작하면 짧게는 반년에서 1년 정도 농밀한 만남을 이어가야 하므로 일의 시작 단계에서 서로의 근본적인 가치관을 공유하는 일이 무엇보다 중요합니다.

　물론 이런 경우도 있습니다. "전자제품 디자인을 의뢰하고 싶은데 그 디자이너는 주로 문구를 만들던데요. 그럼 소용없지 않나요?" 같은 질문을 자주 받습니다.

　뜻밖에 그렇지 않습니다! 다른 장르 제품이라도 그 사람이 무엇을 생각해 어떻게 만들었는가라는 '제품 만들기 사상'은 바뀌지 않습니다. 개발 도중 다양한 장벽에 부딪혔을 때 무엇을 우선시했나? 시중에 출시된 제품을 오래 쓰다 보면 그러한 판단 하나하나를 읽을 수 있습니

🔍 제품명　디자이너

🔍 제품명　디자인했습니다

로 검색하면
미디어나 개인 SNS 등에서
찾아낼 가능성이 크다.

이 디자이너가 프로젝트에 최적일까가 궁금하다면

미디어	관련 단체
대학	디자인상 연감

이것들은 아무것도 보증하지 않는다.

다. 거기에 공감할 수 있다면 장르가 달라도 문제없습니다.

"우리 회사가 원하는 분야에 경험 없는 디자이너에게 디자인을 의뢰해도 되나요?"라는 질문도 종종 듣습니다. 다시 말하지만 아무 문제가 없습니다. 발주자가 전자제품 기업이라면 해당 제품의 개발 노하우를 이미 갖고 있겠죠. 따라서 비록 전자제품 경험이 많지 않은 디자이너와 짝이 되더라도 **서로를 보완할 수 있는 좋은 부분을 조합**한다면 획기적인 제품이 탄생할 가능성이 큽니다(물론 전자제품은 어디까지나 비유입니다. 전자제품에 다른 장르를 대입시켜도 좋습니다). 경험이나 장르에 얽매이지 않고 실제로 제품을 구입해서 사용한 뒤에 "이 사람이라면 가치관을 공유할 수 있어!"라는 믿음을 주는 사람을 선택해야 합니다.

무엇보다 지금 이 시대는 내가 홀딱 반한 제품이나 서비스를 만든 디자이너를 쉽게 찾을 수 있습니다. 검색하고 소통해서 이어질 수 있다면 최고의 세션이 시작될 겁니다. 감사하게도 TENT 역시 여러 곳에서 추천과 소개를 해주셔서 다양한 일을 할 수 있었습니다. 그중에서도 성

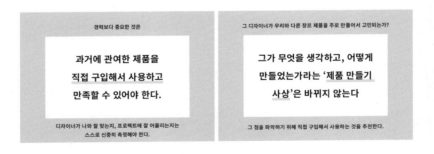

경력보다 중요한 것은

**과거에 관여한 제품을
직접 구입해서 사용하고
만족할 수 있어야 한다.**

디자이너가 나와 잘 맞는지, 프로젝트에 잘 어울리는지는
스스로 신중히 측정해야 한다.

그 디자이너가 우리와 다른 장르 제품을 주로 만들어서 고민되는가?

**그가 무엇을 생각하고, 어떻게
만들었는가라는 '제품 만들기
사상'은 바뀌지 않는다**

그 점을 파악하기 위해 직접 구입해서 사용하는 것을 추천한다.

공 확률이 높은 프로젝트는 단연코 TENT가 만든 제품을 애용해 주신 분과의 협업이었습니다. TENT의 방향이 모든 사람이 좋아할 만한 제품을 만드는 게 아니어서 그 점은 더욱 중요합니다.

　"TENT가 만든 제품을 구입할 생각은 없지만 평판이 좋더군요" 같은 느낌이라면 **서로의 가치관을 맞추는 데 시간을 낭비**해야 합니다. TENT 제품이 성에 차지 않는 분은 부디 다른 디자이너를 찾으시면 좋겠습니다.

　네? 아직도 사용하고 싶고, 마음속 깊이 반한 제품이나 서비스가 없다고요? 그런 분은 주변을 둘러보고 마음에 쏙 드는 제품이나 서비스를 찾는 데서 시작해야 하지 않을까요?

의심하자

제품이나 물건을 갖지 않는 시대에 무엇을 만들어야 할까?

드로어라인DRAW A LINE 개발 비화

새로운 개념의 압축봉 '드로어라인'은 어떻게 생겨났을까?

2017년 5월 맑은 토요일, 오사카 히고바시에 있는 '다카무라 와인& 커피 로스터스'에서 대담 행사를 진행했습니다. 그날의 상황을 있는 그 대로 전달하려고 합니다.

등장인물:

다케우치 가요코竹內香予子 | 헤이안신동공업 사장
다케우치 가즈히로竹內一紘 | 헤이안신동공업 상무
이와사키 다쓰야岩崎達也 | 마가장 교토MAGASINN KYOTO 대표

가요코   오늘, 모여주셔서 감사합니다. 드로어라인은 2017년 6월에
'조명 시리즈'를 발매하며 시리즈 1이 완성입니다. 오늘은 시
리즈 1 발매를 기념해 우리와 디자이너가 서로 짝을 이루어
만들어 온 과정을 조금이나마 소개하려 합니다. 단상에 선
우리도 성공을 체험했다고 자부할 위치는 아니어서 비슷한
고민을 안고 있는 여러분과 지식 경험을 공유하고 함께 과제
를 해결하는 계기가 되면 좋겠습니다. 잘 부탁드립니다.

이와사키   사회를 맡은 이와사키 다쓰야입니다. 잘 부탁드립니다. 저는
이 프로젝트에 직접 관여하지 않았지만 오랫동안 TENT의
팬이었습니다. 평소에는 '마가장 교토'라는 작은 호텔을 운
영하며 TENT의 제품을 판매하고 있습니다. 아마도 그 인연
으로 부름을 받은 게 아닌가 싶습니다. 저도 이 프로젝트에
관심이 많은 만큼 여러 가지 에피소드를 끌어내고자 합니
다. 그럼 드로어라인에 대해 디자이너 TENT의 설명을 부탁

가타무라 와인&커피 로스터스

드립니다.

아오키 콘셉트 영상을 보면 알기 쉬울 텐데요. 공간 속에 한 줄의 선을 그린 듯한, 지금까지 없었던 새로운 개념의 압축봉을 만들었습니다.

하루타 이 선을 기반으로 선반을 달거나 훅을 달거나 조명을 답니다. 이 행사장에 있는 제품처럼 조명을 달아 침대 옆이나 소파 옆에 세워 둘 수도 있습니다.

아오키 그런 다양한 액세서리를 포함한 전체 시스템에 '한 줄의 선에서 시작하는 새로운 생활'이라는 콘셉트를 내걸었습니다.

이와사키 감사합니다. 다음은 헤이안신동공업이 어떤 배경에서 이 프로젝트를 시작했는지 회사 소개와 더불어 말씀해 주시겠어요.

왼쪽부터 가즈히로, 가요코, 아오키, 하루타, 이와사키

내가 원하는 물건은 만들지 않는다

가요코　압축봉은 어느 집에나 있고, 이미 사용해 본 분도 많을 겁니다. 헤이안신동공업은 압축봉을 주로 만들며 쇠 파이프와 플라스틱 부품을 조합한 간이식 수납용품을 홈센터▶ 등에 도매로 공급하는 기업입니다. 1952년에 창업했으니 제법 역사가 깁니다. 초창기 주력해 온 제품과는 달라졌지만 '아이디어와 기술로 생활을 풍요롭게 하자'라는 캐치프레이즈만은 변하지 않았습니다. 이쪽(146쪽 왼쪽 사진)은 1979년 압축봉이 나올 무렵의 신문 기사입니다. '이런 획기적인 제품이 나왔는데 어떻게 할까요'라는 내용입니다. 1979년 제품은 본래 미국에서 커튼 봉으로 사용하던 것을 일본에 들여왔습니다. 당시 도시화가 진행되던 일본의 라이프스타일에 맞게 나사못을 쓰지 않고 수납을 늘릴 수 있는 새로운 사용

▶ Home Center. 주거공간을 꾸밀 수 있는 일용 잡화나 주택 설비 관련 용품을 폭넓게 판매하는 대형 소매점

법을 제안한 거죠. 이 압축봉은 출시되자마자 어마어마하게 팔렸습니다. '새로운 시장을 만들었다'는 평가를 받았을 정도였습니다. 그 덕분에 1990년대에는 해마다 모든 사원이 하와이로 여행을 가기도 했습니다. 압축봉이 히트한 덕분에 해마다 사원 여행을 갈 수 있었던 '거품' 시대가 있었습니다. 저는 2대 경영자의 딸로 태어났지만, 회사를 물려받을 생각은 없었습니다. 신문 기자로 일하다가 2010년에 입사하게 되었는데요. 그때 회사의 상황을 이 사진(147쪽 왼쪽)에서 알 수 있습니다. 맨 왼쪽은 가장 왕성했던 시기에 속하는 1991년 카탈로그 표지입니다. '정리 수납의 희망'이라고 표방할 정도였으니까요. 모든 회사 구성원들이 '성장 중'이라는 자부심을 가졌던 때였습니다. 그러다가 2010년 카탈로그(왼쪽에서 두 번째)는…….

아오키　꽤 정감 있네요.

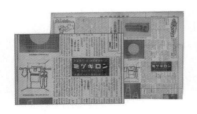

가요코　　카탈로그는 일목요연하게 구성된 듯 보이지만 제품이 전혀 바뀌지 않았습니다. "내가 원하는 제품을 회사에서 만들지 않는다"라는 데에 위기감을 품고 대대적인 개혁을 시작했습니다. 지금 제 옆에 있는 남편 다케우치 가즈히로가 합류하며 둘이서 경영을 개혁해 나갔습니다. 물론 헤이안신동공업이라는 오래된 기업이 품은 장점과 벤처 기업이 갖는 장점을 염두에 두었습니다. 우리만의 기술 축적과 고객의 신뢰를 바탕으로 젊은 구성원이 어우러져 새로운 제품을 만드는 게 목표입니다.

이와사키　　이런 기업이 TENT와 함께 프로젝트를 만들었군요. TENT는 도대체 어떤 회사인지도 궁금합니다.

무엇을 만들어, 어떻게 판매할까를 함께 고민하다

아오키　TENT라는 이름으로 두 사람이 운영하고 있습니다. 고층 빌딩 같은 고정된 견고함이 아니라 '텐트'처럼 자유롭고 바람도 잘 통하는 견고함을 목표 삼은 스튜디오라고 할까요. 저는 대학을 졸업하고 올림푸스에 입사해 의료기기, 카메라, IC 녹음기 등의 프로덕트 디자인을 담당했는데요. 이후 소니로 옮겨 PC 주변기기 프로덕트 디자인을 담당했습니다. 미래에 대해 이런저런 생각을 하다가 퇴사 후 1년 정도를 어슬렁거렸습니다.

하루타　저는 대학을 졸업하고 프로덕트 디자인 스튜디오에 입사해 5~6년 정도 일했습니다. 그리고 잡화를 만드는 기업에서 일하다가 프리랜서 프로덕트 디자이너로 9년간 활동했습니다. 당시 올림푸스 사내 디자이너였던 아오키로부터 외주 업무를 의뢰받은 게 텐트의 시초였는지도 모릅니다. 아오키가 소니로 이직한 후에도, 퇴사 후 어슬렁거렸던 때에도 가끔 스튜디오에 놀러 왔거든요. 그때의 흐름으로 함께 일하고 있습니다.

이와사키　아홉 살 차이가 나는데 마치 커플 같은 느낌은⋯⋯.

아오키　처음에는 상당히 달랐는데 닮아가고 있네요.

하루타　저는 원래 안경을 쓰지 않았답니다.

이와사키　두 사람 사이가 '참 좋군요'라며 보게 됩니다.

아오키　프로덕트 디자인 스튜디오는 여러 기업으로부터 "이런 디자인을 생각해 주세요"라고 의뢰받는 일을 하는데요. TENT는 거기에 머물지 않고 우리가 생각한 제품을 기업이나 브랜드에 가져가 "함께 만들지 않을래요?"라는 일도 하고 있습니다. TENT에게는 일의 축이 더 있는데요. 우리 제품을 스스로 구상하고, 공장을 찾고, 투자하고, 재고를 떠안을지라

도 유통 경로를 개척하고, 홍보해서 판매하고 있습니다. 디자인을 의뢰받으면 되는데 왜 스스로 제품까지 만드느냐는 말을 많이 듣는데요. 여기에는 TENT만의 생각이 있습니다. 프로덕트 디자이너는 형상이나 보기 좋은 이미지를 구상한 다음에 구조나 재료 같은 '어떻게 만들까?'에 관한 전문가입니다. 그러나 우리는 그것만으로는 만족할 수 없었습니다. **애초에 무엇을 만들까**를 생각하고 싶어졌다고 할까요. 동시에 우리가 만든 제품을 어떻게 알리고 팔 것인가, 즉 사용자에게 전달하는 방법까지 모든 과정을 맡고 싶었습니다. '그게 과연 될까?'를 실험하기 위해 자체 제품을 만들어 보았습니다. 그 경험을 살려 클라이언트 작업을 해나가다가 헤이안신동공업을 만났습니다. **무엇을 만들어서 어떻게 팔 것인가까지 같이 생각하자**고 시작한 게 이번 프로젝트입니다.

오래된 기업과 디자이너의 만남

이와사키   두 회사가 어떻게 만났는지 들려주시겠어요?

가즈히로   당시 헤이안신동공업은 앞에서 설명했던 현상에 대처하기 위해 사내에 디자인을 들이고 싶었습니다. 사내 디자이너를 키우거나 외주에 부탁하기, 두 가지가 있겠죠. 저희는 두 가지를 동시에 진행했는데요. 그중 하나가 TENT에 의뢰했던 겁니다. 물론 디자인을 해본 적이 없었던 헤이안신동공업이 디자이너를 선택하기란 어려웠어요. 디자이너가 "하고 싶어요"라고 답을 주어도 '맡겨도 되나'라는 불안이 생겼죠. 그래서 우선 몇 사람을 만나보자고 결정했습니다.

이와사키　어떻게 TENT를 찾아냈습니까?

가즈히로　우연이에요. 여러 디자이너와 몇 개의 프로젝트를 진행하고 있었는데요. 그중 한 분이 TENT를 잘 안다며 소개해 주셨어요. TENT 홈페이지에 적힌 메일 주소로 문의를 드렸죠.

이와사키　메일이었군요.

가요코　메일을 보내면서도 '무시당할 거야!'라는 소극적인 생각이었습니다. 디자이너가 무서웠다고 할까요. "이건 내 디자인이야!"라고 고집을 부리면 어떨지 걱정되었어요.

아오키　저희는 저희대로 헤이안신동공업의 홈페이지를 살피며 '도대체 어떤 할아버지가 오실까?' 하고 걱정했습니다. 그랬는데 젊은 분이 오시더라고요.

하루타　대단한 열정을 가지고 무엇이든지 함께하자고 말해주셨죠.

가요코　당시 회사는 그야말로 뒤죽박죽이었습니다. 이 사진(152쪽 왼쪽)은 TENT와 프로젝트를 진행하며 전시회를 마치고 제품 생산을 위해 사내에서 회의를 가졌던 모습인데요. 보는 그대로 사무실은 엉망진창이었고, 직원을 늘리다 보니 공간도 빽빽했어요. 설상가상으로 사무실에 물도 샜습니다. 방수포를 깐 상태로 일해야 했죠. 결국 사무실을 다른 곳으로 옮겼지만 처음 디자이너와 미팅을 가질 때까지 '무서우면 어쩌나, 거만하게 나오면 어쩌나, 가치관이 맞지 않으면 어쩌나' 걱정했어요. 멋있는 사무실에서, 멋있는 일을 하고 있지 않은 우리가 멋있는 제품을 만드는 사람에게 부탁하려니 기가 죽어 있었다고 할까요.

하루타 반대로 저희는 그런 상황이 전혀 부정적이지 않았어요. 오히려 대표님이 회사 조직과 제품을 바꾸려 하고, 사무실을 이사하며 환경 자체도 바꾸고 싶어 하는 열정이 대단해서 앞으로 좋아지겠구나 생각했어요.

애초에 무엇을 만들지를 어떻게 정했는가?

아오키 그럼 당시 자료를 살펴보며 과정을 이야기할게요. 완성한 모
습을 보면 '콘셉트를 생각하고 제품에 적용해 딱 완성시켰
겠지?' '틀림없이 세련된 과정을 거쳐 이루어졌을 거야'라고
생각하겠지만 전혀 그렇지 않았어요. 처음 헤이안신동공업
을 만나서 들은 말이 "뭔가 재미있는 일을 하고 싶어요"였
죠. 일단 다섯 명 정도가 빠듯하게 들어가는 좁은 회의실에
온종일 갇혀 웃음을 잃지 않는 가운데 오로지 아이디어를
냈습니다. 말만으로는 의미가 없어서 서로 나눈 대화를 1안
1장 형식으로 카드에 후딱후딱 스케치했어요. 수백 장이나
그렸지만 즐거웠어요.

이와사키 그게 이건가요? 네 사람이 그렸다는 거죠?

아오키 맞아요. 저희가 대신 그린 것도 있지만 기본적으로 다 같이

그렸어요. 무척 시시한 안이 잔뜩 있었지만, 그중에서 나중에 제품이 된 것도 있었습니다. 스케치를 마치고 한잔 걸치러 갔어요. 카드를 넘기며 "저게 좋네, 이것도 좋아" 이야기를 나누다가 "아, 재밌다"로 끝난 셈입니다. 물론 반쯤 장난이 섞인 브레인스토밍에서 사용할 수 있는 해결책이 나온다고 생각하지는 않았어요. 그보다는 서로 소통하고, 그동안 생각해 온 것들을 전부 쏟아냄으로써 후련해지는 디톡스 같은 시간이었어요. 지금 돌아보니 '이 사람은 왜 이 대목에서 웃을까' 같은 것을 살피는 과정이었어요.

하루타 어떤 가치관이나 취향을 가진 사람인가를 알아보는 거죠.

아오키 자, 지금부터는 TENT에서 깔끔하게 다듬은 자료를 보시죠. 이 프로젝트가 애당초 무엇을 하기 위해 모였는가를 자료로 정리한 것이죠.

하루타 두 번째 프레젠테이션의 일부이기도 하고요.

아오키　　우선 그동안 숨은 일꾼이었던 압축봉을 친구에게 자랑하고 싶을 만큼 멋진 존재로 만들자는 겁니다. 그 존재감을 어떻게 만들까를 브레인스토밍에서 뽑아내고, 여러 스토어나 각종 이미지 사진을 늘어놓았어요. 말로 하면 팔랑팔랑 사라져 버리니까 글자와 사진으로 명확히 함으로써 참가자 전원이 하나의 목표 이미지를 만드는 거죠. 여기까지의 과정, 다시 말해 콘셉트나 플랜은 컨설턴트도 하는 일이지만, 우리는 콘셉트를 잡기보다 최소한의 커뮤니케이션이라고 생각했어요. TENT가 다른 점은 바로 직후에 구체적인 상품 스케치를 들고 가는 겁니다. 치수까지 나올 정도의 완전한 스케치를 **처음부터 아까워하지 않고 잔뜩 내놓는** 거죠. 그리고 헤이안신동공업과의 캐치볼을 통해 '방향성'을 찾습니다. 대부분 클라이언트는 디자이너에게 의뢰하면 '그들의 말을 무작정 들어야 하나?' '억지로 밀어붙이면 어쩌지'라고 걱정하지

만 적어도 TENT는 수많은 제안을 하고, 클라이언트가 '아니오'라고 하면 몇 번이라도 다시 제안합니다. 서로의 마음이 맞을 때까지 조율하며 맞추는 거죠. 구체적인 스케치가 무엇일까 궁금하겠지만 오늘은 비밀로 하겠습니다(죄송합니다). 사실 구체적인 스케치를 내놓은 후에도 무척 헤맸습니다. 이 그림(157쪽)은 당시 헤맬 때 뒤죽박죽인 상태를 어떻게든 정리하고 싶어서 만들었던 자료 중 일부입니다. 처음에는 봉 내부에 전기 케이블을 집어넣자는 구상이었는데, 현실적으로 생각하니 지금까지 압축봉만 만들어 온 회사에서는 너무 갑작스러운 생각이었어요. 급기야 '프로젝트를 그만두자'는 이야기가 나올 뻔했죠. 그래서 일단 차분하게 콘셉트를 다시 살폈습니다. 고성능 봉을 개발하는 게 아니라 단순히 선 한 줄에 선반을 달면 가구, 선 한 줄에 케이블과 전구를 달면 조명이 된다는 제안이었어요. 일반적으로는 '전원이 내장된 봉'이라는 처음 계획이 불가능해진 시점에서 '타협이 아닌가' 부정적으로 보았을 텐데요. 헤이안신동공업과 TENT는 "그래? 그렇다면 한 줄의 선에 액세서리를 더하는 방식으로 바꾸자"라는 큰 전환이 있었어요. 최초 계획을 고집하지 않고 임기응변으로 사고방식을 바꿈으로써 **타협이 아니라 콘셉트가 단순해지고 결과적으로 강해진** 거죠.

하루타　물론 기존 압축봉 구성으로 돌아가 버려서 두렵기도 했죠. 다만 선 한 줄에 옵션 부품을 늘림으로써 가능성이 커진다는 점이 보여서 방향을 돌리게 되었습니다.

이와사키　첫 만남부터 이 과정까지 얼마나 걸렸나요?

아오키　2015년 말에 첫 메일을 받았고, 2016년 1월부터 구체적인 스케치 제안을 드렸습니다. 헤이안신동공업은 TENT가 스케치를 낼 때마다 "다 좋아!"라고 말해주었어요. 보통은 반대거든요. 그래서 기쁘면서도 좀처럼 결정안이 정해지지 않

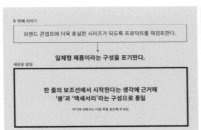

앉어요. 모든 방안을 구체화하기에는 시간과 예산이 부족
해서 좁혀야 했죠. 스케치를 시작하고 3개월 만에 어떻게든
최종안을 좁혔고, 그로부터 3개월 뒤 시제품을 제작해 전시
회에 나갔습니다.

이와사키 시작해서 반년 만에 전시회 출품, 그로부터 1년 뒤인 오늘
이 조명을 포함한 전체 제품을 발매했다는 말씀이군요.

하루타 조명 외의 제품은 전시회를 마치고 반년 뒤 발매했습니다.

우여곡절 브랜드

이와사키 다음은 브랜드입니다.

아오키 지금은 '한 줄의 선'으로 정해졌지만, 처음에는 전혀 달랐어
요. 압축봉 브랜드를 만들자고 결정한 단계에서는 텐션, 어

텐션, 하이텐션 같은 이름을 생각했어요. 지금 생각하니 오싹하군요. 그때는 왜 좋아 보였을까요. 그 밖에 '가설仮設'이라는 의미, 어디에나 사용할 수 있다, 딱 고정한다는 의미를 지닌 여러 이름을 냈어요. 그러다가 '선을 긋는다'라는 'Draw the line'이 나왔어요. 그 순간, 헤이안신동공업의 여성 직원이 "이것이 좋아요!"라고 뽑아주셨어요. 우리 모두 즉각 소리 내어 읽어봤죠. "드로 더 라인." "아, 확실히 이게 좋다." 그 자리에서 만장일치로 결정.

이와사키　'THE'를 'A'로 바꾼 이유는 무엇입니까?

아오키　그 무렵에 이미 프로덕트 플랜을 준비했었는데요. 그 플랜에 때마침 한 줄의 선에 선반을 거는 계획이 존재했었어요. 그 계획에 착안해 '한 줄의 선'의 의미를 강조하는 'A'가 프로덕트와 일관성이 높아 보인다고 해서 'DRAW A LINE'이 되었습니다.

브랜드 제안
1. '강도를'이라는 기능을 핵심로 삼는다

TENSION 장력, 장력	**THRUST** 장력 눌러들다, 힘이 넘다, 밀리고 나아진다
ATENSION tension과 atention(주의)의 조어	**EXTEND** 넓게 연장하다, 확장하다
INTENSION 장력의(열정, 강도), 농축	**TUPPA** 생겨나다(돌~스톱스, 여동모의 종물 그녀와
HI TENSION **iTENSION**	

브랜드 제안
2. 상품이 가져오는 가능성을 이미지로

ANY	**FIT**
ANYWHERE	**JUST**
FLEXIBLE **FLEX & LITE**	**PITARI**
ADJUSTABLE	**PITTA**

이와사키 그렇군요. 지금 이름으로 결정되어서 다행입니다. (웃음) 이
번에는 헤이안신동공업에서 TENT와의 만남을 통해 깨달
은 점이나 달라진 점을 들려주시겠어요?

개선과 혁신의 차이

가즈히로 엄청 달라졌죠. (웃음) 일단 사무실이 바뀌었고, 구성원도
바뀌었고, 제품도 바뀌었으니까요. 헤이안신동공업에게 큰
전환점이었습니다. 변화의 핵심은 두 가지가 있는데요. 첫
째, 기술진과의 가치관 차이입니다. 전시회에서 '베스트 바
이어스 초이스Best Buyer's Choice'를 받고, 다양한 고객으로부
터 "아주 좋아요!"라는 반응을 얻었는데, 사실 전시회에는
시제품을 들고 나갔거든요. 본격적인 제품을 양산하기 위

해 회사 내부의 소통이 절대적으로 필요해서 개발 직원에게 "좋죠?"라고 물으니 "별로인데요"라는 반응이 나온 거예요. 세로용 훅 부품의 가격이 1500엔인데, 당시 개발 직원 입장에서는 헤이안신동공업의 기존 유통 거래처에서는 팔리지 않을 것 같다는 거였죠. "이런 걸 누가 사겠어"라고 할까요. 물론 "좋은데요" "갖고 싶어요"라는 직원들도 있었어요. 결국 '우리가 만들고 싶은 것을 어떻게 진행할까'가 과제였습니다. 실제로 발매 직후에 수천 개의 제품이 매진 사례를 이루었지만, **그 일을 먼저 해온 사람과의 가치관 차이는 메워지지 않는구나**, 라는 결론에 이르렀습니다. 서로 공감할 수 있는 새로운 구성원을 영입해 해결하는 게 중요하다고 할까요. 또 하나 중요한 점은 혁신적인 일을 하려면 시행착오가 필요하다는 겁니다. 기존 제품은 호환이 어렵게 고정적이었어요. 기존 제품을 개선하는 일은 수지량을 줄여 비용을 절감하거

나 생산 공정을 원활하게 이루어지게 하는 건데요. 그러나 혁신이란 본래 과거의 확신에 얽매이지 않는 데서 시작하죠. 3D 프린터로 시제품을 만들어 내하중▶ 테스트를 하거나 캐드CAD로 강도를 살피는 등 하나하나 **실제로 시도할 수밖에** 없어요. 여기에서 큰 전환점이 이루어졌습니다. 기존 직원에게 맡겼다면 지금의 이 제품이 되지 않았을 거예요. 프로젝트가 끝날지도 모르는 운명의 갈림길에서 "조직 체계와 인원부터 바꾸어야 한다"는 TENT의 조언도 있었어요. 문제가 발생할 때마다 TENT가 더 가까이 다가와 주셔서 여기까지 올 수 있었습니다. 매 순간이 큰 변화의 연속이었어요.

이와사키 그렇군요. 기존 상품의 개선과 혁신의 차이를 이야기하다 보니 헤이안신동공업의 회사 설비의 변화가 보이는군요.

▶ 견딜 수 있는 무게 또는 그 한계

아오키　헤이안신동공업의 새 사무실의 특징은 입구에 큰 회의 공간이 있고 마치 **국숫집에서 면을 치는 모습이 보이듯이** 유리 너머 시제품실이 보이죠. 시제품실을 거쳐야 사무실에 갈 수 있는 구조입니다. **회사의 중심에 시제품실**이 있는 거죠. 이런 회사는 좀처럼 찾을 수 없어요. 감동입니다.

가요코　이것도 TENT의 영향을 받았습니다. 새로운 제품을 만들려면 시제품을 많이 만들고, 무수히 실패하고, 거기에서 좋은 것이 응축된다고 하셨으니까요. 실제로 그렇게 하지 않으면 새로운 제품이 생겨나지 않는다는 사실을 공부했습니다. 스스로 손을 움직여 검토하는 습관을 익히자는 식으로 생각을 바꾼 거죠. 이런 흐름 아래 기존의 기술진과 새로 들어온 디자이너가 협력하고 서로 존중하는 팀 문화가 만들어졌습니다. 스케치, 구상은 물론 3D 프린터로 출력해 검토하는 환경이 조성되었죠. 이번 제품을 개발하며 단순히 새 제품을 내놓는 데 그치지 않고 좋은 자극을 받아 회사 전체가 바뀌었음을 실감합니다.

끝난 콘텐츠에서 확장될 가능성

이와사키   브랜드와 회사의 앞날에 대해 말할 수 있는 범위에서 들려주실 수 있을까요?

가요코   TENT를 만나기 전에는 압축봉을 '끝난' 콘텐츠(한때는 흥했지만, 지금은 내버려진 것)라 생각했거든요. 더 이상 비용을 낮출 수 없고, 판매처도 이미 정해졌죠. 그래서 압축봉이 아닌 제품을 만들어야 살아남겠다고 생각했어요. 그런데 TENT 덕분에 압축봉을 살리면서 다른 길을 찾을 수 있었어요. 전기 분야도 진출하고, 인테리어 매장에서 팔리는 제품도 만

들게 되었죠. 처음 우리는 압축봉이 아닌 제품을 만들어 껍데기를 깨려고 했는데, 압축봉을 기준 삼아 일을 해나감으로써 껍데기를 깰 수 있었습니다. 압축봉 혁신이라는 계기 덕분에 의미 있는 전환점에 설 수 있었습니다. 앞으로는 압축봉을 중심으로 부속물을 만들고, 소비자들의 생활에 필요한 다른 제품도 만들고 싶습니다.

이와사키　아오키 씨 생각은 어떻습니까?

아오키　이 제품을 출시하고 소비자와 바이어의 말을 듣고 많은 걸 깨달았습니다. "이 압축봉만 있으면 가구는 필요 없어요"라는 의견도 있었죠. 극단적이지만 그런 다양한 의견을 들으며 세상 사람들은 이런 '가벼운 삶'을 잠재적으로 바라고 있다는 걸 깨달았습니다. 그걸 해결할 수 있다면 무엇을 해도 되겠구나 싶은 거죠. 지금 이 순간을 기점으로 압축봉에 국한하지 않고 소비자에게 '가벼운 삶'을 제공하는 브랜드 또는 회사가 되고 있다는 사실을 외부에서 저희를 바라보는 시선과 평판을 통해 알게 되었습니다. 물론 압축봉은 일본에서 독자적으로 진화한 문화입니다. 그러다 보니 다른 세상과 뚝 떨어진 '갈라파고스'라는 말도 듣고, 좋지 않은 제품 취급을 받기 쉽습니다. 그러나 막상 해외 전시회에 드로어라인을 출품하면 "지니어스!"라는 평가를 받습니다. 외형은 물론 이 기구가 '버티는' 원리를 놀라워하는 거죠. 일본만의 독자적인 도구를 자랑스럽게 여겨도 좋다고 생각합니다.

가요코 그렇네요. 압축봉으로 세계 정복을 꾀하자는 거죠.

이와사키 지금 보는 결과물은 극히 일부라는 뜻이죠.

가요코 미래는 그런 식으로 펼쳐집니다. 드로어라인은 우리를 새로운 출발점에 세워준 큰 변화입니다.

이와사키 마지막 질문입니다. 이번 행사 제목이기도 한데요. '물건을 갖지 않는 시대'가 시대의 배경으로 존재합니다. 미니멀리스

트라든지 단샤리▶라든지, 일반인도 인지하고 있는 이 상황
을 어떻게 생각하십니까?

물건을 갖지 않는 시대에 무엇을 만들까?

가요코　물건을 갖지 않는 시대가 결코 물건이 필요 없는 시대는 아
　　　　니라고 생각합니다. 개인적으로 지금 우리가 직면한 상황
　　　　은 '갖고 싶은 물건이 없다'는 게 문제라고 여깁니다. 저는 작
　　　　년에 낡은 아파트를 리모델링해서 입주했는데요. 제가 살고
　　　　싶은 공간을 고집하다 보니 일상에 필요한 물건을 마련해

▶　断捨離. 불필요한 물건을 끊고 버리고 집착에서 벗어나 아깝다는 고정 관념에 사로잡힌 마음
　　을 열어 홀가분하고 쾌적한 삶을 얻으려는 사상

물건을 갖지 않는다 ≠ 물건은 필요 없다

야 했어요. 직업상 누구보다도 라이프스타일 스토어를 많이 아는데도 **제가 원하는 쓰레기통조차 없더라**고요. 제가 회사에 들어올 때 친구가 이런 말을 했어요. "압축봉은 촌스러워. 가요코가 회사에 들어가서 압축봉을 세련되게 만들 수 없어?"라고 말이죠. 거침없는 친구의 농담 섞인 부탁에 해답이 있었는데 '내가 할 일이 뭐가 있어?'라며 7년간 대응하지 않았던 거죠. 어쩌면 일용품이 공전의 히트를 기록했던 1990년대부터 선택지, 생활 양식, 정보가 바뀐 지금까지 **달라진 라이프스타일에 적응하는 물건을 제공하지 못한 제작자에게 문제**가 있다고 생각합니다.

이와사키   사용자 입장에서는 드로어라인을 공간에 넣으면 다른 물건을 줄일 수 있겠죠. 선반에 쌓이는 먼지도 없어지고 수납함도 필요 없어지니까요. 따라서 드로어라인은 물건을 갖지 않는 시대에 어울리는 물건입니다. TENT는 어떻습니까?

하루타   처음 아이폰이 나왔을 때 전화기, 팩스, 무거운 AV 기기, 커다란 텔레비전이 버려졌어요. 점점 물건을 줄인 거죠. 그때 "어라? 꽤 즐겁고 자유롭네"라고 깨달았습니다. 아마도 이 체험이 모두에게 있는 듯해요. '버리는' 일을 받아들이는 토양이 쌓인 거죠. **가구를 드로어라인으로 대체**함으로써 필요하지 않은 물건이 보입니다. 그런 분위기를 느낍니다.

아오키　TV 방송 등 미디어에서는 단샤리나 미니멀리스트를 소개하며 "유행이네요"라고 마무리하는데요. 그러나 "유행이니까 그 흐름에 맞추어 무언가를 만들자"는 절대 안 됩니다. "애초에 갖지 않는 것을 왜 화제 삼을까?" "갖지 않는데 왜 기분이 좋을까?"를 생각하면 홀가분해지고, 이사에 돈이 들지 않고, 언제라도 여행을 떠날 수 있는 삶이 무척 멋있다고 동경하게 됩니다. 새가 되어 자유로이 원하는 곳에 가고 싶다는 말처럼 옛날부터 꿈꾸어 온 이상향에 도달하는 거죠. 그렇다면 거기에 대응하는 물건을 우리가 만들어야 하지 않을까요. 세상에 넘쳐나는 유행어에 놀아나지 않고, 사람들이 무엇을 진정 바라는가 하는 **가설을 갖는다면** 즐거운 일이 일어날 겁니다.

이와사키　마지막으로 한마디씩 부탁드립니다.

하루타　처음 의뢰를 받았을 때는 수월하게 끝날 줄 알았는데 역시 세상사 간단할 리 없죠. 오늘 시간 관계상 이야기하지 못한 우여곡절까지 덧붙여 좋은 에피소드를 품은 프로젝트가 되었다고 생각합니다.

아오키　디자이너는 "언젠가 세계적인 행사에 의자를 출품하는 꿈을 갖고 있습니다"라고 말하기 쉬운 직업입니다. 그러나 압축봉처럼 숨은 일꾼이지만 생활에 도움을 주는 멋진 제품을 빛나게 할 수 있는 일이기도 합니다. **이기고 있는 사람을 더 이기게 만드는 일은 그만해도 되지** 않을까 싶어요. 기업이나 브랜드도 '우리는 이렇게 살래. 멋쟁이 따위 필요 없어'라고 하지 말고 '외부의 전문가와 협력하면 더 빛날지도 몰라'라고 생각하면 세상이 한결 밝고 즐거워질 겁니다. 오늘 이 자리가 그 계기가 되어주면 좋겠습니다.

이와사키　헤이안신동공업의 두 분도…….

가즈히로　오늘 이 자리까지 오게 된 것은 TENT 덕분이자 동시에 헤이안신동공업 직원들 덕분입니다. 그저 감사할 따름입니다. 오사카에는 우리 같은 오래된 메이커가 많습니다. 헤이안신동공업의 체험을 그분들과 공유해 오사카가 다시 도약하면 좋겠습니다.

가요코　많은 분을 모시고 소소하지만 안달하고 괴로워했던 체험을 드러냈습니다. 제품을 만드는 회사도 디자이너도 기세를 높여 우리의 힘으로 가볍고 쾌적한 생활을 만들어 가면 좋겠습니다. 정말 고맙습니다.

4장

뛰쳐나오자

즐거운 방식의 자전거 조업

큰 회사는 '전철을 타고 있다', 작은 회사는 '자전거 페달을 밟고 있다', 개인 사업은 '걷고 있다.' 이렇게 이미지화하면 알기 쉽죠. 전철 환승을 잘하는 사람이 자전거를 잘 탄다는 법은 없고요. 뒷골목에서 보물을 찾아내려면 걷는 편이 좋을 때도 있습니다.

학생 시절에는 큰 회사를 보면서 생각했습니다. '유명한 회사에 다니다니 대단하네!' '큰 회사에 있으니까 대단한 사람이겠지.' 큰 회사에서 일했을 때는 '개인 사업을 하거나 벤처를 시작하다니 뭔가 멋있구나!' '그들에 비해 나는……'이라고 생각했습니다. 때로는 큰 회사에서 "개인이나 벤처가 하는 일을 하고 싶어!"라고 멋대로 발버둥 치면서 주변 사람에게 피해를 주기도 했죠.

지금 생각하면 큰 회사에 있었을 때 저는 전철 안에서 달리면서 주위에 폐를 끼쳤던 것 같아요. 유동 인구가 많은 역세권 건물에 늘어선 세입자들만 보고 새로운 장사를 벌일 상상을 했던 것이죠. 자전거나 도보라면 시간표도 환승 안내도 필요 없고 작은 골목에서 장사 아이템을 많이 찾아낼 수 있었을 거라고요. 어려울 때 도울 동료도 많이 있다고요.

　지금 우리 회사는 자전거 같은 느낌입니다. 그러나 일반적으로 통용되는 '자전거 조업'▶과는 다릅니다. 바구니 달린 자전거처럼 무거운 자전거가 아니라 가볍고 비탈길도 끄떡없고 제대로 정비된 도로용 자전거 같다고 할까요. 경치도 공기도 바람도 즐기면서 맑은 날은 기분 좋게, 내리막길은 최고! 비 오는 날이나 오르막길은 힘들지만 허벅지 근육이 단단해지니 기분이 나쁘지 않습니다. 그런 '즐거운 자전거 조업'을 돌리고 있습니다. 사람마다 다르겠지만 지금의 저에게는 이 방식이 맞는 듯해요.

　그런 의미에서 전철-자전거-도보를 연결하며, 전철에서도 자전거에서도 걸으면서도 사용하기 쉬운 토트백이 있습니다. 본론과는 관계없지만 추천해 볼게요.

▶ 만성적 적자 상태의 기업이 타인 자본을 차례로 회전시켜 무리하게 조업을 계속하는 상태

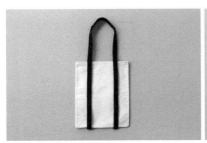 

토트백이 배낭으로 요술처럼 순식간에 바뀌는 '핸들'

수동적으로 일하는가,
주체적으로 일하는가?

　　15년 전, 큰 회사에 다닌 지 3년쯤 되었을 때입니다. "앞으로 미래에는 한 사람이 둘 이상의 업무 기술을 가지고, 그 **기술을 곱할 수 있어야 살아남을 수 있다**"는 이야기가 곧잘 귀에 들어왔습니다. 제가 일하는 '디자인' 분야에 적용한다면 "디자이너는 엔지니어링도 할 줄 알아야 한다"로 시작해 '리서치'도 '프로그래밍'도 '심리학'도 '경영'도 등등, 아무튼 "디자인만으로는 안 된다!"는 말을 여러 번 들었습니다. 무슨 일이든 못하는 것보다는 할 수 있는 쪽이 좋겠죠. 당시 저는 깊이 고민하고 **한 가지 업무 기술밖에 없는 자신에게 절망**했습니다.

　　그런데 그로부터 15년 이상 흐른 지금 정신 차리고 보니 프로덕트 디자인뿐만 아니라 여러 가지 일을 할 수 있게 되었습니다. 그러나 당시 귀가 따갑도록 들었던 '기술×기술……'이라는 이미지와는 상당히 다른 느낌입니다.

　　그래서 이제는 15년 전의 저처럼 **"이것도 저것도 습득해야 해"**라고 **초조해하는 당신을 위해** "이런 사고방식도 있어요!"라고 제안해 보겠습니다. 제 눈높이에서는 아무래도 디자이너라는 직업이 익숙하지만, 각자 자기 직업을 대입해서 생각해 주기를 바랍니다.

　일단 '디자이너'라는 직업을 직능이 변화해 온 관점에 따라 말씀드리겠습니다. 제품이나 서비스를 생각하고 만들고 사용자나 고객의 눈에 들고 손에 닿기 위해서는 기획, 개발, 제조, 유통, 홍보, 판매 등 여러 가지 일이 있습니다(어디까지나 몇 가지 사례입니다. 실제로는 더 다양한 영역이 존재합니다). 제품이나 서비스를 제작하고 많은 사람을 거쳐 비로소 우리 '고객'의 눈에 들어옵니다.

　디자이너라는 직업은 이 수많은 일의 각 부분을 지원하는 형태로 생겨난 게 아닐까요? 제가 하는 프로덕트 디자이너라면 개발 관련 일이 많고, 그래픽 디자이너라면 브랜딩이나 홍보 관련 일이 많다는 이미지처럼 말이죠.

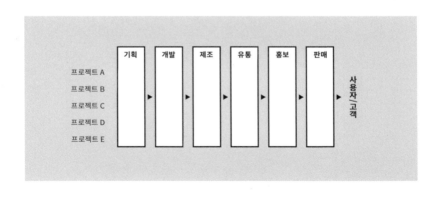

이 그림의 세로로 긴 상자, 즉 **개별 직능에 대응하는** 디자이너를 **'디자이너 1.0'**이라고 이름 붙여봅시다. 자, 다양한 기술 혁신(특히 디지털화) 덕분에 한 사람이 할 수 있는 일의 범위가 늘어나면서 "나는 기획과 개발은 물론 제조도 한다고!"라든지 "미디어이지만 오프라인 매장도 열었어!" 같은 여러 영역을 횡단하는 일이 가능해졌습니다.

이런 달라진 상황에서 요구되는 디자이너상像은 무엇일까요? 아마도 첫머리에 언급한 '업무 기술 곱하기'가 아닐까요? 과거에는 경계선으로 그어져 있던 부분을 가볍게 뛰어넘는 인재, 횡단적인 '곱셈 업무 기술'을 보유한 디자이너, 이것을 임의로 **'디자이너 2.0'**이라고 부르겠습니다.

그런데 말입니다. "우리 TENT는 여러 가지 일을 하고 있다"고 처음에 썼는데 실제로 무엇을 하고 있을까요? 상품을 기획하고 설계하고 제

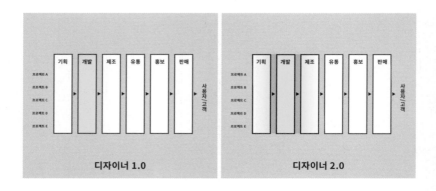

조처를 찾고 재고를 안고 홍보하고 판매합니다. 이것을 그림으로 하면 아래 오른쪽 그림처럼 설명할 수 있을까요? 전체가 노랗게 칠해졌습니다. '업무 기술 곱하기' 정도가 아니죠. 대단해요!

그런데 잠깐만요. TENT는 정말 모든 분야의 지식과 경험을 가진 천재 집단일까요? 그렇지 않습니다. 실제 이미지를 표현하면 다음 페이지 그림이 됩니다. 세로가 아니라 가로, 직능이 아니라 프로젝트(제품 혹은 브랜드 등)가 담당 영역입니다. 그러니까 필요한 지식과 경험만으로 승부를 낼 수 있는 거죠. 이것을 **'디자이너 3.0'**이라고 이름 붙이겠습니다.

디자이너 1.0과 2.0은 어떤 프로젝트를 의뢰받든 전문가로서 대응할 수 있는 상태를 이상적이라고 간주합니다. 즉, 수탁형 혹은 **수동적 상태**입니다. 반면 디자이너 3.0은 대응할 수 있는 프로젝트는 한정적이지만, 모든 직능 분야와 관련된 상태, 즉 **프로젝트 주체**를 이상형으로

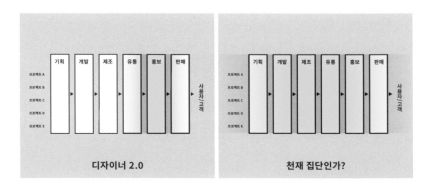

삼습니다.

'의뢰받은 프로젝트를 완수하는 디자이너가 프로'라고 정의하는 사람도 있을지 모릅니다. 그런 눈높이에서 보자면 디자이너 3.0은 디자이너가 아닙니다. 직업이 세분화되기 전의 **전통적인 의미의 '장사'가 더 자연스러울지도** 모릅니다. 무리해서 지식을 쌓을 필요 없이 '장사' 형태로 매일 어떻게든 일한다면 결과적으로 '업무 기술 곱하기'에 가까운 상태에 도달할 수 있겠죠. 무엇보다 지식이나 경험을 마구 쌓기보다 '장사'를 실천하며 몸에 익히는 일은 **매우 즐거운** 일이랍니다. 천재가 아니더라도 할 수 있는 이 방법을 꼭 시도해 보세요.

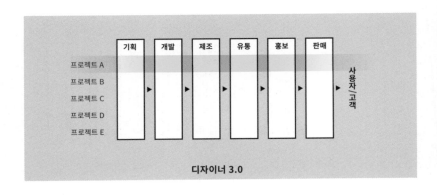

디자이너 3.0

직접 만나서 이야기하는
시모키타자와의 '텐트 매장'

2021년 여름, 코로나19 팬데믹으로 외출이 어려워지고 오프라인 매장이 줄줄이 폐점하던 시점에 TENT는 직영 매장 'TENT의 TEMPO'를 열었습니다. 바이러스가 주도하는 역풍의 시대에 프로덕트 디자이너인 우리는 왜 굳이 오프라인 매장을 시작했을까요?

장소는 도쿄 시모키타자와, 과거 오다큐 전철 선로였던 장소를 재개발한 화제의 장소 '보너스트랙'입니다. 그곳을 운영하는 산포샤散歩社의 우치누마內沼 씨의 "여기에서 스토어를 운영해 볼래요?"라는 제안이 시작이었습니다. 처음에는 "왜 프로덕트 디자이너인 우리에게 그런 제안을 건넸을까?"라고 이상하게 여기며 거절할까 했지만, 생각하면 할수록 오프라인 매장을 운영하고 싶은 마음이 부풀어 올랐습니다. 당시 TENT는 우리가 관여한 제품을 직접 판매하는 전자상거래EC 사이트를 8년 동안 운영했고, 인터넷을 통해 많은 고객과 접점을 가지고 제품을 사용한 후기나 불만을 받아들여 다음 제품 제작에 활용하고 있었습니다. 그러나 아무래도 온라인 연결은 숫자나 글자가 중심이죠. 어떤 사람이 어떤 표정으로 제품을 구입해서 사용하는지 알 수 없었습니다.

대량 생산 대량 소비가 당연해진 편리한 현대 생활에서 제품을 살때 '누가 생각하고, 어떻게 만들었는가?'를 일일이 생각하지 않습니다. 그러나 제품 제작 현장은 웃음이 있고 눈물이 있고 재미있는 이야기가 넘쳐납니다. 가격이나 사양뿐만 아니라 **재미있는 과정도 함께 즐겨주시면** 좋겠다는 바람을 담아 TENT는 제품 개발 과정을 미디어 기사 형식으로 만들어 공개해 왔습니다. 여기에 오프라인 매장까지 운영하면 온라인 채널을 통하지 않아도 제품을 만든 사람이 직접 '재미'를 전할 수 있습니다. '누가 생각하고, 어떻게 만들었는가?'를 전하는 방향은 물론 '누가 사서 어떻게 사용했는가?'를 직접 체험할 수 있습니다.

일반적으로 디자이너는 디렉터나 컨설턴트가 되어 자신의 주력 분야가 '상류 공정'으로 이행하면 성공했다고 여깁니다. 그게 과연 디자이너가 지향해야 할 이상일까요? 제작자와 사용자 모두 '고마워!' 하고 말할 수 있는, 제품을 만드는 '메이커'나 '타깃 소비자'나 '사용자'가 아니라 **개개인의 인간으로 마주할 수 있는,** 그런 **감촉을 느끼는 제품 제작 방식**을 계속 모색하고 싶습니다. 그 구체적인 형태 중 하나로 고객과 '직접' 만나서 이야기할 수 있는 오프라인 매장을 시작했습니다.

매장 중앙에는 커다란 작업 책상이 놓여 있어서 평일에는 가끔 우리가 일하는 모습을 볼 수 있습니다. 다른 곳에서 볼 수 없는 제품 제작의 흐름을 볼 수 있으니, 근처에 오실 때 부담 없이 들러 우리 일의 즐거움을 함께 느껴주시면 기쁘겠습니다.

뛰쳐나오자

세상에 내놓을 각오가 되어 있는가?

샌드잇SAND IT 개발 비화

2020년 9월, 킹짐에서 새로운 문서철 '샌드잇'을 발매했습니다. TENT의 세 사람이 제품에 얽힌 개발 비화를 말씀드리겠습니다.

아오키 샌드잇은 아이디어 제안부터 디자인까지 TENT의 프로덕트 디자이너 겐켄(다케시타 겐) 씨가 했습니다.

겐켄 두 분에게 많은 조언을 얻었는걸요.

하루타 초기 제안부터 프로덕트 디자인, 네이밍, 카피, 패키지 디자인 등 겐켄이 끝까지 해낸 것은 사실이죠.

등장인물:

다케시타 겐竹下健 | TENT 프로덕트 디자이너

아오키　프로덕트 디자이너로서 본격적으로 '데뷔'한 제품이네요. 축하합니다! 꼬치꼬치 캐묻고 싶은 게 많은데요. 우선 제품을 생각한 계기는요?

충동으로 만든 시제품

겐켄　TENT에 입사하고 나서 여러 회사를 방문해 업무를 협의했습니다. 그런데 어떤 회사에 갔는데 대량의 A4 용지를 클립으로 묶어서 들고 다니는 분이 계시더라고요. '와일드하네'라고 강한 인상이었다고 할까요. 그날 이후 유난히 A4 용지를 들고 다니는 사람들이 눈에 띄더군요. 그 모습을 보는 것만으로도 곤란해 보였습니다.

하루타　겐켄은 어땠나요?

겐켄 저는 A4 용지를 들고 다니지는 않았지만, 책상에 자꾸 쌓여서 정리하고 싶다는 불만은 있었어요. 시중에 그런 제품이 있는지 알아보았는데 **대부분 거치형 제품**이더라고요.

아오키 주름 상자식이 대부분이죠.

겐켄 네. 주름 상자식도 좋지만, 그건 주름 수만큼 칸막이가 생기잖아요?

아오키 그렇게까지 세세하게 구획해서 범주를 나눌 필요는 없죠.

겐켄 **종이를 조금 넣기에는 과대한** 느낌도 들고요. 그러던 어느 날 **옆면 폭을 고무줄로 만들면 되지 않을까**라는 깨달음이 퍼뜩 찾아왔어요. 그래서 곧장 시제품을 만들었죠.

하루타 그 시점에 이미 최종 제품과 거의 가까웠네요!

아오키 이 시제품은 어떤 소재로 만들었죠?

겐켄 집에 있던 종이 수납함을 해체해서 만들었어요.

아오키 대단하네요…… 집 수납함을 희생했다니.

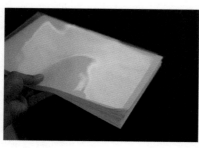

겐켄 네. 그때 생각난 아이디어가 좋았던 점은 우선 시제품을 만들기 쉽다는 거였어요. 두꺼운 종이를 잘라 구멍을 뚫고 끈을 끼우면 뚝딱이니까요. 그래서 **빨리 시제품을 만들고 싶어서** 희생했어요.

하루타 좋은 충동이었군요!

아오키 처음부터 카드 케이스도 만들었나요?

겐켄 맞아요. A4 용지 파일뿐만 아니라 작은 명함 케이스도 생각했습니다.

아이디어는 존중으로부터

아오키 고무줄로 고정한다는 아이디어가 상당히 획기적이에요. 영향을 받은 제품이 있나요?

겐켄   있습니다!

아오키   있구나. 살짝 들려줄 수 있을까요?

겐켄   네. 슬쩍 말하자면 하루타 씨와 아오키 씨도 매우 좋아하는
        미니멀라이트MINIMALIGHT의 지갑이에요. 이 지갑은 고무줄 하
        나로 신용카드를 고정할 수 있는데요. 작은 재료로 사용 편의
        성을 극대화한 구조가 대단해요. 정말 존경합니다.

아오키   그렇다고 해도 그 구조를 그대로 베끼진 않았겠죠?

하루타   그것이 중요하죠!

겐켄   물론이죠. 미니멀라이트 지갑을 존중하지만 A4 용지 파일에
        걸맞은 최적의 구조는 아니었어요. 그래서 판과 판 사이에 끼
        워 넣는 구조에 이르렀죠.

다정하고 엄격한 킹짐

아오키   그런 충동을 아낌없이 발산한 시제품을 남몰래 간직했군요.

겐켄   네. 잠시 재워두다가 어느 날 킹짐과 미팅할 기회가 있어서 시
        제품을 가져가 제안해 보았습니다.

하루타   시원하게 "좋아요, 바로 합시다!"라고 말씀해 주셨죠.

겐켄   처음에는 그랬죠. 다만 그 뒤가…….

하루타	정식으로 담당자가 정해지면서 엄청난 수정 요청이 들어왔죠.
겐켄	그렇죠.
아오키	예를 든다면요?
겐켄	'**열람성**'이었어요. 고무줄 힘으로 종이를 끼워 넣는 구조여서 펼칠 때 힘이 필요하거든요. 이것을 "쉽게 열어서 안에 있는 종이를 펄럭펄럭 넘기고 싶다"라고 하더군요.
아오키	오, 아이디어의 근본을 흔드는 수정 요청인데요. 그다음은요?
겐켄	'**보유성**'이었어요. 고무줄과 판으로 종이를 눌러 넣었지만, 빙빙 휘두르면 안의 종이가 빠져나와서 아무리 휘둘러도 종이가 나오지 않게 해달라고 했어요.
아오키	끼워 넣는 힘으로 종이를 보유하는 구조라 휘둘리면 곤란하죠. 아이디어의 근본을 흔드는 또 한 번의 요청이었군요.
하루타	킹짐에서도 여러 제안을 해주셨어요. 열람을 위해 판에 경첩 기구를 붙이거나, 보유성을 위해 수지 부품을 만들거나.
겐켄	그렇지만 복잡한 기구를 자꾸 집어넣으면 판과 고무만으로 성립한다는 **최초의 매력이 손상되는** 느낌이어서 "그만둡시다"라고 부탁했죠.
하루타	그 시점에서 상당히 힘들었죠.

정말로 일상생활에 사용하고 싶은가?

아오키　그때 하루타 씨와 내가 겐켄 씨와 제법 뜨겁게 논쟁한 기억이
　　　　　납니다.

하루타　그랬죠.

아오키　대학생 시절 포트폴리오를 보면 겐켄 씨는 '단순하고 멋있는
　　　　　물건'을 만드는 능력이 충분했어요. 세상에서 대부분의 '디자
　　　　　인'은 그렇게 성립하기도 하고요. 그러나 TENT가 관여하는
　　　　　제품은 그것만으로는 안 될지도 모른다고 조언했죠.

겐켄　　맞아요.

하루타　마침 겐켄이 다른 업무에서도 단순하고 멋있는 물건을 계속
　　　　　해서 제안했죠. 문제는 대단한 제안이었는데 **왠지 채택되지**
　　　　　않는 벽에 부딪혔다고 할까요.

아오키　멋있는 첨단 프로토타입(시제품)을 계속 발표하는 디자이너는

세계 도처에 널려 있어요. 그런 방향으로는 겐켄도 충분히 통하는 디자이너였다고 생각해요. 그러나 TENT가 지향하는 지점은 **일상생활에서 실제로 사용하는** 제품이에요. 그러기 위해서는 '멋짐'과 '사용하기 쉽고 편리하다'를 **저울질하는 게 아니라 진정한 의미에서 양립시킬** 필요가 있지 않을까요? 물론 그것을 목표로 삼으면 '첨예한 디자인'을 잃어버릴지도 몰라요. 그 시점에서 겐켄은 어떤 디자이너가 되고 싶은지 결단해야 한다고 조언했죠.

겐켄　네. 그래서 "TENT처럼 되고 싶어요"라고 말했죠.

아오키　뭐 그때는 잘난 척했지만, 막상 나도 그 상황을 돌파할 아이디어를 생각하지 못했으니까요.

번뜩임은 시험 작업에서 나온다

아오키　며칠 뒤에 겐켄이 시제품을 보여주었죠.

겐켄　이것이죠. 그 밖에도 몇 개 만들었는데 발상은 같아요. 뒤쪽 고무줄을 쭉 늘여 표지 부분 홈에 고정한다.

아오키　보자마자 놀랐어요. 장치 하나로 두 가지 문제점을 해결했으니까요.

겐켄 잠그면 단단히 보유해 떨어지지 않게 할 수 있고, 잠금장치를 풀면 고무줄이 느슨한 상태가 되니까 파일을 열어 열람하기 쉬워졌습니다.

하루타 완성한 시제품을 킹짐에 제안했었죠.

겐켄 네. 자신만만하게 제안했는데 의외로 '사용하기 힘들다'는 대답이 돌아왔어요. 아이디어는 좋지만 잠금 풀기가 어렵다는 거죠. '풀기 어렵다'는 의미를 이해하기 어려워서 상당히 고민했어요. 그렇다고 고민한다고 해결되는 것은 없죠. 시제품을 무수히 만들다 보니 새로운 구조가 생각나더군요. 그렇게 만들어진 시제품이 이거예요.

하루타 비스듬한 홈 두 개만으로 잠금장치를 실현한다! 겉에서 고무줄을 쓱 들어 올릴 수 있으니까 다루기도 쉽고, 무엇보다 외형도 단순해졌죠. 정말 훌륭합니다.

아오키 '와, 이 친구, 허들을 넘었군!'이라고 생각했었죠. 사용하기 쉽

고 편리함을 향상시키면서 멋짐까지 상승시켰으니까요. 그러
고 보니 이때도 아직 시제품을 만들고 있었네요.

겐켄　가능하면 손가락 하나로 들어 올릴 수 있으면 좋겠다 싶어서
여러 패턴을 검증했어요.

아오키　겐켄 씨 책상이 그야말로 시제품투성이었죠. 덕분에 용케 이
렇게 검증할 수 있었죠. 고생한 부분이 또 있을까요?

겐켄　시트재의 두께를 숱하게 검증했었어요. 두께를 늘리면 단단
하고 뒤틀림을 줄일 수 있죠. 그러나 두꺼울수록 무거워져서
가지고 다니기에 부담스러우니까요. 이 점에 대해서는 킹짐에
서 많은 재료를 검토해 주었습니다.

겐켄의 딜레마

아오키 제품명, 로고, 카피, 패키지에 대해서는요?

겐켄 제품명은 다 같이 많은 아이디어를 냈어요.

하루타 판과 판 사이에 끼우는 구조라고 해서 '이타바사미'▶라는 안도 있었죠.

아오키 우리 두 사람과 킹짐 **사이에 끼어 있는 겐켄의 상황** 같다고 하면서요.

겐켄 최종적으로 'SAND'라는 단어에 '끼우다'라는 의미는 없지만, 국내 판매용이니까 샌드위치에 가까운 뉘앙스로 '샌드잇'으로 결정했습니다.

▶ 板挟み. 판 사이에 끼어 움직일 수 없다는 뜻으로 서로 대립하는 두 의견이나 입장 사이에서 어느 쪽도 선택하지 못하는 곤란한 상황 혹은 딜레마를 의미한다.

아오키 　로고 디자인도 수많은 아이디어가 나왔죠.

겐켄 　패키지 위에 레이아웃했을 때, 제품에 각인했을 때 어떻게 보이는가를 고려해 지금 보는 현재 안으로 좁혀졌어요. 글자 획 귀퉁이 부분이 비스듬한 것이 본체 형상과 일치해 마음에 들어요.

뜻대로 하는 것이 최선은 아니다

아오키 　본체 색상은요?

겐켄 　꽤 폭넓게 검증했습니다. 애초에 저는 야외용품을 이미지화해서 만들었기 때문에 군용품을 연상시키는 배색으로 하고 싶었어요. 그러나 킹짐의 계획도 있어서 오락가락하다가 처음 생각과는 상당히 먼 색으로 정해졌습니다.

SAND IT

아오키   그래도 발표를 마치고 나서 고객들로부터 "색이 너무 좋아요"라는 평가를 들었잖아요.

겐켄   그러게요! 그래서인지 점점 이 색이 좋아져요.

아오키   디자이너는 제멋대로 굴어야 일류인 듯 여겨지는 경우가 있잖아요. 제 생각은 달라요. 제품을 **발표하기 전에는 시야가 좁아서 고집해서는 안 되는 부분을 고집하는** 일도 있거든요. 제품이 발매되고 실제로 사용한 사람들로부터 많은 피드백을 겐켄 씨가 받아들이는 가운데 **디자이너가 아니라 실제로 사용하는 고객의 입장에서** 감각의 조율이 이루어질 테니까요.

하루타   제품 출시 후 그야말로 굉장한 반향이 있었죠. 선주문을 해 주신 많은 고객들에게 드리고 싶은 메시지가 있을까요?

겐켄   문서철이라면 꼼꼼한 사람이 사용하는 제품이라는 이미지가 있잖아요. 하지만 이 제품은 파일째 툭 던지는 듯한 느낌으로 거칠게 사용해 주셔도 됩니다. 카드 케이스는 명함 외에도 IC

카드나 포인트 카드 등 용도에 맞게 여러 색상을 함께 사용해
주시면 기쁘겠네요.

아오키   오늘, 감사했습니다!

겐켄   감사합니다!

CHAPTER

MINOCAMO CHAHO × TENT

MADE IN TAJIMI

5장

이야기를 듣자

불안과 마주하는 요령

"TENT 두 분께 여쭐 것이 많아요."

2022년 4월 어느 날, 20대 프리랜서 디자이너분으로부터 몇 가지 질문을 받았습니다. 생각한 적도 없는 재미있는 질문이었던지라 나중에 제대로 시간을 내어 다시 이야기를 나누기로 했습니다. 이번에는 20대 디자이너 'U'가 TENT의 하루타와 아오키를 인터뷰한 이야기를 소개합니다.

등장인물:

U | 프리랜서 디자이너

급여가 없는 생활

 U 요즘 돈 문제로 불안합니다. 회사에 다닐 때는 정해진 시점에 정해진 금액이 급여로 들어왔지만, 프리랜서인 지금은 많이 들어올 때도 있지만 0이 될 수도 있거든요. 그래도 회사에 다닐 때보다 지금이 압도적으로 즐겁습니다.

 하루타 아니, 지금 우리도 마찬가지예요. 막연한 불안은 늘 있습니다. 저는 졸업하고 곧장 작은 디자인 스튜디오에 입사했는데요. 날마다 '혹시 대단한 실력자가 새로 들어오면 나 따위는 금방 잘리지 않을까?' 움찔거리며 일했답니다. 우리 두 사람이 젊었을 때는 '취업 빙하기'라고 해서 회사들이 픽픽 쓰러지고, 일본이 자랑하던 종신 고용 신화가 자취를 감추었어요. 큰 회사에 있다고 해서 안심할 수 없었던 시대였죠.

 아오키 저도 졸업하고 취직할 무렵에 때마침 구조 조정 열풍이 불었습니다. 입사하자마자 '희망퇴직 모집'이 시작되었으니까요. 고령자들이 서글픈 표정을 지으며 퇴직하는 모습을 여러 번 목격했습니다. 두 번째 회사에 이직해서도 담당 분야의 부서가 점점 가라앉는 모습을 보았죠.

내가 아무리 열심히 일해도 "저쪽으로 나아가자"라는 **높은 분의 조종에 따라** 간단히 가라앉았어요. 그런 경험을 두 차례 연속으로 하고 말았죠.

 U   오, 선배님들도 그런 시대를 보냈군요.

 하루타   그럼요. 우리가 **독립한 건 리스크를 회피하기 위해서**인지도 모릅니다. 자동으로 급여가 입금되는 데 익숙해지면 갑자기 그만두게 되었을 때 아무것도 할 수 없죠. 우리는 그것이 무서웠어요.

 U   세간에서는 '독립'을 리스크 자체로 여기는데, 두 분은 반대였군요.

 아오키   높은 사람에게 핸들을 맡기기보다 **스스로 핸들을 잡는 편이 낫다**고 생각했어요. 물론 막상 그만둘 때는 무척 두려웠죠. 큰 배를 타고 육지가 보이지 않을 만큼 먼 바다로 나가서 "수영을 제대로 해본 적도 없으면서 맨몸으로 바다에 뛰어든단 말인가!"라는 이미지를 멋대로 품고 있었으니까요. "그만둘래요"라고 상사에게 말할 때도 눈물을 흘렸답니다.

 U   너무 의외네요.

아오키 회사를 그만두고 자신을 북돋우려고 혼잣말로 타이른 적도 있어요. 사람들은 불안정이라는 흔들흔들 움직이는 상태를 두려워하죠. 모두 궁극의 안정을 추구해요. 하지만 이런 생각은 어떨까요? 궁극의 안정이란 곧 정지한 상태 아닌가요? 저는 **불안하고 흔들리는 것이야말로 살아 있다**고 여겼어요.

 U 와, 바로 지금 제 상태네요.

두렵다면 일단 해보자

 U 하루타 씨는 독립할 때 무서우셨어요?

 하루타 아뇨. 그런 센서가 망가졌는지 전혀 무섭지 않았어요.

 U 망가졌다…….

 하루타 음, 망가졌다기보다는 저에게 **불안이란 '모른다'**거든요. 가령 상급 학교에 입학하거나 다른 학교에 전학을 가면 학급 친구들을 모르니까 무척 두렵죠. 저는 맨 먼저 모두와 대화하며 돌아다녔어요. 마찬가지로 '독립'이라는 불안한 인생의 단계도 그렇게 해봤어요. 불안하니까 오히려 움직여야죠.

오늘은 이것을 한다

아오키 어쩌면 U가 느끼는 불안은 돈이 들어와도 사라지지 않을 수 있어요.

U 맞아요. 그럴지도 몰라요. 단순히 모아놓은 돈의 액수가 문제가 아니라는 느낌을 받아요.

아오키 저는 하루타 씨와 달리 독립하고 나서 한동안 덜덜 떨었습니다. 회사에 다니며 저축해 둔 돈이 그럭저럭 있었는데도 불안해서 어쩔 수 없었어요. 그때마다 매일 아침 **머릿속에 있는 아이디어를 새하얀 복사 용지에 전부 썼어요.** 그날 날씨에서부터 '음, 오늘은 무엇을 쓸까?'라는 생각까지 모조리 종이에 옮겼어요. 신기하게도 머릿속에 든 생각을 종이에 쓰다 보면 해야 할 일이 떠올랐어요. 그렇다고 대단한 건 아니고요. 공과금 내러 가야 해, 욕실을 청소하자 같은 거였어요. 그런 와중에 무언가 반짝 생각이 나면 '그래, 오늘은 저것을 시험 작업해 보자'라는 일이 눈에 들어와요. 눈앞에 늘어선 할 일 목록을 바라보며 '좋아, 오늘도 바쁠 거야!'라며 안심이 되었어요.

 U　불안해지는 이유는 한가해서일까요?

 아오키　아마 **무엇부터 손대야 할지 모르는 상태가 불안의 원인**이 겠죠. 비록 작은 일이라도 '오늘은 이 일을 한다'가 정해 지면 불안이 줄어들어요. 제가 막 독립했을 때는 가구 를 DIY하거나, 바닥을 걸레질하거나 빨래하거나 밥을 지었어요. 그렇게 '그냥 살기 위해 필요한 일'을 제대로 마주했어요.

 하루타　저도 그래요. 아내가 귀가하기 전에 '빨래를 깔끔하게 개야 해!'처럼요.

 아오키　돌아보면 그때의 경험이 프라이팬주나 초플레이트 CHOPLATE 착상에 살아 있어요. U에게 디자이너로서 이 루고 싶은 꿈이 있다고 해도 디자인이나 제품 제작에 집 중할 필요는 전혀 없어요. TENT가 그랬듯이 **무엇으로 이어질지 모르는 자기만의 해야 할 일**을 많이 해내는 게 중요합니다.

 U　불안과 마주하는 요령을 조금이나마 알게 된 것 같아 요! 감사합니다.

견적과 마주하는 요령

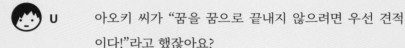 **U** 아오키 씨가 "꿈을 꿈으로 끝내지 않으려면 우선 견적 이다!"라고 했잖아요?

아오키 "공장을 찾아서 자료나 도면을 보내고, 견적과 납기일을 물어보자"라는 말이었죠.

U 그 말을 듣고 저도 그대로 해봤는데요. 공장에서 내준 견적을 보자마자 "비싸!"라고 소리를 질렀답니다. 견적 단계에서 포기하는 사람들이 많을 텐데요. 수많은 제품 을 세상에 내보내는 TENT는 견적을 받고 어떻게 하세 요? 견적 단계를 지나 현실의 제품으로 세상에 내놓는 방법이 있을까요?

다음은 명세서

 아오키　보통 제품을 구입하며 '1000엔'이라고 하면 '아, 1000엔이구나' 받아들이고 살까 말까 망설이죠. 그건 생산자나 디자이너로서 공장에서 예상보다 높은 견적서를 받을 때도 같고요.

A: 포기한다

B: 다른 곳을 찾는다

이렇게 두 가지 선택지가 있겠죠. 그러나 제품화를 실현하려면

C: 할인을 요구한다

라는 선택지를 바랍니다. 그렇다고 우리와 파트너 관계인 공장에 일방적으로 할인을 요구해서는 안 되겠죠? 그래서 **견적 명세를 아는** 것이 중요합니다. 예를 들어 목제품이라면 재료비, 재단비, 연마비, 도장비, 인쇄비, 운송비 등등 세부 항목 말이죠. 세부 명세서를 보고 '도장이 비싸네'라고 생각했다면 왜 비싼지 공장에 물어봅니다. 공장에서는 '잘 나오기 위해 세 번이나 도장하기 때문'이라고 합니다. 제품의 특성상 한 번으로 충분하다면

도장 공정을 줄여 견적 금액을 줄일 수 있겠죠. 그런 식으로 대화하며 **함께 지혜를 짜내 공정을 더 다듬어요.** 즉, 비용과 마주하는 것은 '할인'이나 '타협'이 아니에요.

U 견적서를 받고 공장과 대화하는 일이 TENT의 중요한 개발 과정이군요.

경로에 따라 달라진다

아오키 공장의 견적 이전에 세상의 제품 가격이 애초에 어떻게 정해지는지 모르죠?

U 네. 단순히 '이 제품 종류는 이 정도'라는 시세 감각으로 유추하는 정도죠.

아오키 실제로는 제품 가격에 여러 가지가 붙어 있습니다. 대형 양판점에 놓인 상품이라면 재료 공급처, 공장, 제조사, 도매상, 소매점 등 각자 이익을 얻어야 해요. 공장에서 메이커가 250엔에 구입한 물건을 도매상에 400엔에 팔고, 도매상은 소매점에 600엔에 팔고, 소매점은 손님에게 1000엔에 판매합니다. 개인이 온라인에서 직접 판매하는 경우에는 공장에서 250엔에 구입한 물건을 1000엔에 판매할 필요는 없겠죠. 500엔에 판매해도 될 거예요. 어느 쪽이 좋다는 말이 아니라 **판매 경로에 따라 제품 가격은 전혀 다른** 사고방식으로 정해진다는 거죠.

계속 고민할 만큼 중요한 것

 U　공장에서 받는 견적에 대해서는 들었지만, 디자이너로서 견적을 내는 일에 어떤 요령이나 유의할 점이 있을까요?

 아오키　경험을 살려 이야기하자면 이유 없는 단순한 할인은 절대로 안 됩니다. 발주한 곳에서는 막상 할인은 기억하지 않고 '맡았으니 100퍼센트 힘을 다해줘'라고 생각해요. 반면 수주한 곳에서는 할인해 준 것을 잊지 않고 '할인했는데도 이렇게 시키네'라고 생각하기 쉽죠. 물론 돈이 전부는 아니지만, 제대로 마주함으로써 보이는 게 있습니다. 역시 견적은 중요하죠.

 U　디자이너로서 자기 견적을 생각할 때는 어떻게 하세요?

아오키 예전에는 많이 고민했지만 지금은 간단히 정리했어요. 우선 TENT가 높은 품질의 결과물을 낳으려면 구성원이 건강하고 즐겁게 하루하루를 보내야 해요. 이를 위해 필요한 금액은 눈에 보이잖아요. 기본적으로 그 금액에서 공수, 다시 말해 작업에 걸린 시간으로 산출합니다.

U 이론으로는 알겠는데요. 그렇게 산출한 견적을 제시할 때 굉장히 고민하지 않으세요? 너무 비싸지 않아? 아니면 너무 싼 게 아닐까?

하루타 U의 천성이 성실해서겠죠. 비싼 견적보다 올바른 대가를 제시하고 싶군요?

아오키 여기에서 중요한 점은 처음 이야기한 '명세서를 보고 확실히 의논하자'는 거예요. 미래 작업을 구체적으로 이미지화해 견적을 내는 거죠. 어렵지만 마주할 수밖에 없어요.

하루타 정답은 없다고 할까요. 우리도 계속 고민하고 있어요. 중요한 것은 **견적 금액을 마주하는 일이 개발 과정의 중요한 요소**라는 거예요. 계속 고민하고 계속 마주할 수밖에 없지 않을까요?

U   그렇군요. 이러니저러니 두 분도 그 문제를 고민하고 있
다니 후배로서 안심됩니다. 오늘도 감사합니다.

 아오키   다행이네요. 앞으로도 함께 고민해 봅시다.

형태는 어떻게 떠올리는가?

 U 이번에는 '형태'를 질문하겠습니다. 개인적으로 형태의 스톡stock이 없다는 점을 절실하게 느껴서요.

 하루타 스톡?

 U 예전에 어떤 제품 아이디어를 내고 형상을 고민하는데 하루타 씨가 "이렇게 하면?"이라고 슬쩍 말해주셨거든 요. 그때 보여준 형태가 너무 적절해서 굉장히 타격을 입었거든요. 어떻게 하면 그 정도로 할 수 있을까요?

 아오키 그건 프로덕트 디자이너로서 20년 이상 시간이⋯⋯.

 U 물론 그 점은 충분히 알죠. 그래도 도대체 **형태란 어떻게 생각해내는 것일까,** 라는 질문은 드리고 싶어요.

객관적 이미지 보드 만들기

 하루타 뭐라고 해야 할까요? 제가 U의 나이였을 때는 아예 못했답니다. 프로덕트 디자이너로서 오래 근육을 단련해 온 성과 같은 거라고 할까요. 작은 디자인 스튜디오에 신입으로 입사했을 때 소장님이 "삼 일 뒤에 아이디어를 취합합시다"라고 하셨어요. 사흘 밤낮을 지긋지긋하게 생각하고 머리가 뒤죽박죽될 정도로 고민했는데 간신히 한 가지 안밖에 못 냈어요. 그런데 소장님은 10안, 20안을 가지고 왔더군요.

 U 그 뒤에 '인풋을 위해 산책하고 둘러보자'라고 하셨어요?

 하루타 음, 학생 때는 **자기 머릿속에서 0부터 만들어 내야** 한다는 믿음이 있었어요. 괴로워하고 괴로워하며 머리를 꾹꾹 비틀어 짜냈죠. 그런데 그 스튜디오의 사람들은 아이디어 소스를 다른 데서 가져와 재구성하는 느낌이었어요. 새로운 선율을 0부터 만들기보다 일종의 DJ 감각이라고 할까요. **혼합해서 속속 만들어 내는** 거죠. 그 과정을 보고 나서는 오디오 기기를 디자인할 때도 '자동차 배기구의 좋은 점을 오디오에 살리면 어떨까?'라는 식으로 생각이 바뀌었어요.

 아오키 느닷없이 생각하기에 몰두하지 않고 참고용 이미지 사진을 많이 모읍니다. 일명 **이미지 보드 만들기**라고 하죠. 이 뻔한 방법을 왜 디자인 업계에서 오래전부터 해왔는지 생각해 볼 필요가 있어요.

 하루타 맞아요. 좋은지 나쁜지는 제쳐두고 이미지 보드 만들기를 하곤 했죠. 그런데 처음에는 그 이미지 보드조차 제대로 만들지 못해요. 단순히 나에게 멋있어 보이는 사물을 모았다가 혼쭐이 났죠. 우선 주관적이 아닌 '객관적'인 시점에서 이미지 보드를 만드는 일이 '형태'를 생각하는 전제 조건일지도 몰라요. 물론 요즘은 이미지 보드 만드는 일을 전혀 **하지 않지만 말이죠.**

 U 아! 그런가요?

인용과 모티브

하루타 1990년대나 2000년대, 거칠게 표현해서 미안하지만, 그동안 본 적 없는 새로운 형태를 생각하지 않고, '양동이

같은 형태의 백색 가전' 이런 식으로 모티브를 가져오는
흐름이 있었어요. 우리는 그 이후 세대인지라 적잖이 영
향을 받았지요.

 아오키 맞아요. 그 무렵은 가전 기능의 대부분이 소프트웨어
로 옮겨져 블랙박스화하는 흐름이다 보니 시대적으로도
'모티브'나 '인용'이 훨씬 유효했어요.

 하루타 아까 이야기했듯이 이미지 보드를 만들고, 다른 장르에
서 인용하거나 혼합해 새로운 형태를 만들었던 시절이
있었어요. 그 뒤에 이어진 모티브 시대는 일부러 인용
출처를 명시해서 재미있으면서도 감각적으로 기능을 이
해시켰던 것 같아요.

 U 음…….

 하루타 지금은 이미 '그다음' 시대예요. '돌멩이 같은 비누'가 통
용하는 시대가 있었다면 지금은 다시 "돌멩이 같다. 그
래서?"라고 **또 한 걸음 내디딜 필요**가 있는 거죠.

마음에 자리하는 편안함

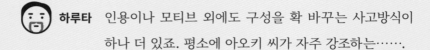 **하루타** 인용이나 모티브 외에도 구성을 확 바꾸는 사고방식이
하나 더 있죠. 평소에 아오키 씨가 자주 강조하는…….

U 구성을 바꾼다고요?

아오키 어디까지나 비유인지라 일부러 극단적으로 단순하게 이
야기할게요. 세상의 모든 스마트폰이 아이폰을 흉내 내
서 네 귀퉁이가 둥근 사각형이 되었잖아요. 그래서 그것
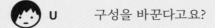 과 다르게 구성할 수 없을까 고민했어요. 가령 정면에서
는 정사각으로 보이지만 잡기 쉬운 형태로 만들어서 위
에서 보면 타원형이 되는 형태처럼요. 그런 식으로 세상
에 이미 존재하는 것과 다른 구성을 찾는 방식이죠. 프
라이팬주도 그런 사고방식에서 생겨났어요.

U 네? 프라이팬주는 접시를 모티브 삼은 줄 알았는데요.

아오키 구조에서 온 형태랍니다. 우선 손잡이를 간단히 장착하
는 프라이팬 구조를 생각하고, 그다음 '어라? 접시처럼
보이겠는데'라고 깨달은 거죠. 처음에는 구조의 사고방
식을 확 바꾸고, 그 단계에서 마음에 편안하게 자리하

는 '모티브적 존재'인 접시에 다다른 거라고 할까요.

헤매지 않기 위한 지침

 아오키 '어떤 형태로 해야 할까?'라는 맨 처음 단계에 대해서만 이야기했는데 사실 가장 **중요한 건 디테일의 축적**입니다.

 U 동의해요. TENT는 자신들만의 규칙을 갖고 일한다는 느낌을 받아요. 애초에 헤매지 않기 위한 지침을 매우 잘 정하다 보니 **세세한 부분을 놓고 고민하는 시간이 적은 것 같아요.**

 아오키 나이를 먹고 경험을 쌓은 지금은 형태의 베리에이션이 늘어났다기보다 달성하고 싶은 목표를 찾을 수 있다는 느낌이 들어요. 예전에는 '둥근 것을 했으니까 다음은 사각'이라거나 '노란색을 했으니까 다음은 빨간색'처럼, 많이 그리면 누군가 골라주겠지 하고 생각했어요. 지금은 스케치나 도면을 그리기 전에 **TENT만의 목표 설정**에 가장 많은 시간을 들이고 있습니다.

 U 덧붙여 자기만의 목표란 어떻게 하면 찾기 쉬울까요?

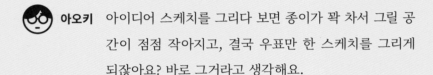

아오키 아이디어 스케치를 그리다 보면 종이가 꽉 차서 그릴 공간이 점점 작아지고, 결국 우표만 한 스케치를 그리게 되잖아요? 바로 그거라고 생각해요.

U 좀 더 구체적으로 설명해 주시겠어요?

아오키 이른바 썸네일이나 아이콘이라고 할까요? **아주 작게 그려도 '유일무이한 그것'이라고 알 수 있는 형태!** 그것을 찾을 수 있다면 이미 목표를 발견한 상태에 가까운 느낌이 들어요.

하루타 처음에는 너무 많이 그리지 않는 편이 좋아요. TENT에서는 A6 용지에 사인펜으로 그리기도 합니다.

U 맞아요. TENT의 디자인은 아이콘으로도 알 수 있어요.

아오키 작게 그려도 '그것'이라고 알아볼 수 있는 형태가 생기면, 다음은 방해하지 않는 디테일을 쌓아 올립니다. 그 단계에 처음으로 이미지를 인용해요. 앞에서 이야기한 인용이나 모티브죠. 가령 "머그잔 형태 그대로 가습기를 만들었습니다"라고 하면 표절은 물론 여러 가지로 아슬아슬하잖아요. 따라서 '형태'는 크기가 작아도 알

아볼 수 있는 강한 구성을 찾고, 그다음 디테일을 제어
하기 위해 인용이나 모티브를 사용하면 좋아요.

 하루타 지금까지와는 달리 마니아적인 이야기가 되어버렸네요.

 U 당장은 이해되지 않는 것도 있지만 곰곰이 생각하고 싶
습니다. 감사합니다.

한 줄의 카피(언어)는 어떻게 떠올리는가?

U 저는 TENT 제품을 좋아해서 많이 사용하는데요. 그때마다 제품은 물론 제품을 설명하는 카피에 놀라곤 합니다. '당신의 생활에 스탠바이' '한 줄의 선에서 시작하는 새로운 생활' '만들기와 먹기를 하나로 한다'처럼 말이죠. TENT 제품에는 언제나 푹 꽂히는 카피가 달려 있어요. 카피도 직접 생각하고 만드세요?

아오키 맞아요. 클라이언트나 동료들과 의논하면서 다 같이 정하지만, 특별히 외부 전문가에게 의뢰하지는 않아요.

U 그런 카피는 어떻게 나오는 건가요?

아오키 '지금부터 언어적 표현을 생각하자!'라고 엄청나게 고민하는 건 아니고요. 홈페이지를 만들거나 카탈로그를 만들거나 박람회 신청서를 작성할 때처럼 시간에 쫓기는 타이밍에 비교적 시간을 들이지 않고 쓱 씁니다.

 U　제품 아이디어나 형태를 생각하다가 자연스럽게 카피가 생겨나는 거군요?

 아오키　그런 셈인가요? 그러고 보니 5~6년 전에 일의 방식을 바꾼 게 있어요. 어쩌면 그 변화에서 지금 나누는 카피 이야기가 연결될지 모르겠네요.

 U　오, 듣고 싶어요. 무엇을 바꾸셨나요?

당신의 이름은 오마

 아오키　그때까지는 가령 디자인 안이 다섯 개라면 각각을 A안, B안, C안……이라고 부르고, 서류에도 그렇게 적었는데요. 그러다 보니 다 같이 이야기할 때 잘못 부르거나, 언어의 특성상 A안이 '강추'처럼 보여 곤란하더군요. 그래서 어느 단계부터 **각각의 안에 가칭을 붙였어요.**

 U　예를 들면요?

 아오키　대단한 건 아니고요. 둥그런 형태는 '동그라미 안건', 네

모난 형태는 '사각 안건'처럼 한마디로 어떤 안인지 알 수 있게 했어요.

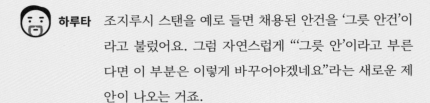 **하루타**　조지루시 스탠을 예로 들면 채용된 안건을 '그릇 안건'이라고 불렀어요. 그럼 자연스럽게 "'그릇 안'이라고 부른다면 이 부분은 이렇게 바꾸어야겠네요"라는 새로운 제안이 나오는 거죠.

아오키　『바람 계곡의 나우시카』만화에 등장하는 거신병▶처럼요.

U　나우시카요? 갑작스럽네요.

아오키　죄송합니다. 어디까지나 비유입니다. 처음에는 비교적 의식 없이 따라오기만 하는 존재라고 할까요. '거신병'이라는 아기 같은 존재가 있어요. 그런데 어느 장면에서 나우시카가 이름을 지어주죠. "당신의 이름은 오마"라고요. 그랬더니 거신병이 갑자기 수다쟁이가 되어 "바람 계곡 나우시카의 아이, 오마!!" "오마는 후광을 두른 조

▶ 전쟁으로 첨단 문명이 멸망하기 전 인류가 만들어낸 거대한 인간형 반생물 병기. 애니메이션 〈바람 계곡의 나우시카〉에서 거신병이 수단이었다면, 만화 『바람 계곡의 나우시카』에서는 등장인물이라는 차이가 있다.

정자이자 전사이니"라며 지성을 가지고 자력으로 움직이기 시작해요.

 하루타 의외로 중요한 장면입니다. 꼭 읽어주세요. (웃음)

 U 아, 네.

 아오키 아이디어에 이름을 붙이면 비슷한 일이 일어나요. '○○ 씨가 생각한 아이디어'가 아니라 **아이디어 자체가 어떻게 잘 다듬어지고 싶은지 말하는** 느낌이죠. 그때부터 디자인이 아주 편해지더라고요. 고민하는 시간도 짧아지고요.

말이 붙으면 영혼이 깃든다

 U 바로 그 지점에 TENT의 진수가 들어 있다는 생각이 들어요. 젊은 디자이너들이 모이면 "많은 시안을 내놓는 게 나을까, 한 가지 시안으로 좁혀야 할까"라는 이야기를 많이 나누거든요. 저도 예전 직장에서는 "아무튼 시안을 많이 내!"라는 말을 들었거든요. 하지만 힘들기도 하고, 그렇게 나온 시안도 영혼이 없었다고 할까요.

아오키 무턱대고 숫자를 늘리려고 내놓은 시안은 한눈에 알 수 있잖아요.

 U 그러니까요. 그런데 TENT에서는 아이디어 하나하나를 한마디로 전달할 수 있는 이름을 붙였어요. 그렇게 하는 것만으로도 마치 연상 게임을 하듯이 다음에 무엇을 해야 할지 생각나고, **하나하나에 영혼이 깃드는** 느낌을 받았어요.

무장해제 하고 싶다

 U 바로 질문을 이어 드릴게요. 일을 함께하며 TENT는 평소 대화도 독특하다는 생각을 합니다. 가령 "스케줄 안해" 같은 외래어를 쓰지 않는 것처럼요.

 하루타 그런가요? 단순히 디자인이나 마케팅 분야에서 흔히 쓰는 전문 용어를 제가 몰라서일 거예요. 대화하는 자리를 부드럽게 하고 싶은 점도 있겠죠. **같은 자리에서 대화를 나누는 사람을 최대한 웃게 하고 싶어서** 조금이라도 재미있는 말을 쓰고 싶은 바람이 있어요.

아오키　되도록 긴장을 풀자는 거죠. 전문용어를 남발하면 딱딱해지잖아요.

 U　TENT는 프레젠테이션도 독특하잖아요. 짧고, 평소에 쓰는 말로 이루어져요. 저는 학교에서 프레젠테이션할 때 그야말로 이론으로 무장했거든요. 무슨 질문을 받아도 응수할 수 있도록 잔뜩 준비했었죠.

 하루타　자신의 아이디어를 지키는 성벽을 아주 견고하게 만들려는 거죠. 우리는 **성벽을 견고하게 만들 시간이 있다면 아이디어 자체를 강하게 하고 싶어요.**

 아오키　저도 큰 회사에 다닐 때 갑옷을 입고 무기를 갖춰 무장하고 출근하는 이미지가 있었어요. 그런 문화에 지쳐서 TENT에서는 무장하지 않고 물건을 만들고 싶습니다.

 U　'무장하지 않는다'가 **평범한 삶과 이어지는**군요. 저는 그 점이 좋아요. 이야, 이번 대화도 무언가를 발견했네요. 감사합니다.

프레젠테이션의 마음

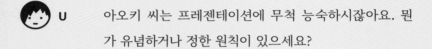 **U**   아오키 씨는 프레젠테이션에 무척 능숙하시잖아요. 뭔
가 유념하거나 정한 원칙이 있으세요?

아오키   음, 애초에 프레젠테이션이란 무엇인지 잘 모르겠어요.
자료를 보여주면서 설명하는 것일까요?

U   생각해 보니 그렇네요. 저는 다른 사람의 프레젠테이션
이 따분하고 졸려요. 그런데 아오키 씨 프레젠테이션은
한 번도 졸렸던 적이 없어요. 무엇보다 아오키 씨는 자료
가 없어도 짧은 시간에 자기 생각을 정리해 전달하세요.

아오키   제 일이라 잘은 모르지만, 마음 쓰는 지점은 분명히 있
어요. 일반적으로 음성은 외길로 나아가서 구조적으로
이해하기 무척 어려워요. 그래서 자료를 만들든지 설명
하든지 듣는 사람의 **머릿속에 지도**가 생겨나게 만드는

것을 염두에 둡니다.

머릿속에 지도를 그린다

 U 지도요?

 아오키 "오늘은 할 이야기가 네 가지 있습니다. 첫 번째는……" 식으로 청중이 현재 위치를 이해하게 하는 거죠.

 U 그렇군요. 제가 졸리지 않았던 이유는 지도를 파악할 수 있어서였군요. 지도 이야기는 책에서 배우셨나요?

 아오키 아뇨. 프레젠테이션 책을 읽은 적이 없어요.

 U 그렇다면 주위 환경을 통해 배운 걸까요?

 아오키 음, 그럴 수도 있겠네요. 프레젠테이션은 자신의 제안이나 주장이 통하도록 설득하는 일이라고 여기는 사람이 많아요. 저는 거기에 위화감을 느꼈어요. 저에게 프레젠테이션 자료란 서로가 공감할 수 있는 목표나 잣대를 제시하고, **상담이나 논의에 필요한 토대**를 공유하는 역할이에요. 그 자리에 참석한 모든 사람에게서 나오는 의견도

자료로 '지도'에 배치하는 거죠. 그 지도를 보면 다음에
나아갈 방향이 보이는 느낌이라고 할까요.

설득이 아니라 토대 만들기

 U 그렇군요. 자기 의견은 물론 상대방의 의견도 뒤로 물러
나 바라보는 거라고 할까요? '내 의견을 통하게 하고 싶
어'가 아니라 자기 의견과 상대 의견의 공통점이나 각자
의 의견이 지도의 좌표에 어디에 위치했는지를 살피는
것처럼요.

 아오키 아마 그런 느낌일지 모르겠네요.

이제 와서 긴장해도

 U 긴장한 적은 없으세요?

 아오키 당연히 긴장되죠. 그렇다고 긴장해서 버벅거릴 정도는
아니에요. 어째서인지 말은 시원시원하게 한답니다. 아!
생각났다. 졸업 논문 발표회였을 거예요. 다른 학생들이

차례로 프레젠테이션하는데 보고 있자니 다들 밤을 새운 까닭인지 중얼중얼 말해서 듣는 저도 너무 졸린 거예요. 제 차례가 왔을 때 잠도 깨울 겸 엄청나게 큰 소리로 "안녕하세요!" 하고 인사했어요. 그랬더니 객석이 밝은 분위기가 되어 프레젠테이션이 쉬워졌어요. 그날 이후, 많은 사람 앞에서 이야기할 때는 그야말로 만담가처럼 활기차게 "안녕하세요!"라고 인사합니다.

 U　　오!

 아오키　채점이나 합격 여부는 내용이 좋고 나쁨에 따라 정해지는 게 아닐까요. 프레젠테이션 방식으로 매력이 몇 배 늘어나거나 단번에 잘못되지는 않아요. 특히 프로덕트 디자이너라면 능숙한 말솜씨보다 제품을 잘 만드는 쪽이 중요하지 않을까요? '통할까, 통하지 않을까?' '합격일까, 불합격일까?'는 자료나 물건으로 어느 정도 결정되기 때문에 프레젠테이션 당일에 뒤집히는 일은 없어요. 따라서 그것과는 별개로 '모두가 즐거운 기분이 되게 하자'는 데 힘을 쏟는 편이 나아요.

 U　　그렇군요. 저는 지금까지 말하는 방식으로 합격이나 통과 여부가 결정되는 줄 알았어요.

만든 뒤 편집하는 시간

 아오키 덧붙이고 싶은 이야기가 있어요. 자료(레퍼런스)를 만들며 많은 도움을 받았는데요. 그때 신경 쓰인 점이 있었답니다.

 U 듣고 싶어요.

 아오키 '완급'이 들어 있지 않다고 할까요. 하고 싶은 말이 여섯 가지 있다면 '1·2·3·4·5·6'을 그냥 늘어놓은 느낌이었어요. 예를 들어 '1·2·삼! 4·5·육!'처럼 전해주면 좋지 않을까요. 만화에서도 펼침면이 짜잔 하고 나오면 깜짝 놀라잖아요. 그런 느낌으로 **깜짝 놀라게 만들고 싶어**요. 그래서 저는 자료를 만들 때 '편집'이라는 공정 일정을 마지막에 넉넉하게 둔답니다.

 U 무슨 말씀인가요?

 아오키 저는 대체로 재료 나열은 마감일을 기준으로 삼 일 전에 끝내요. 거기서부터 재료의 우선순위 부여나 재배치를 차분히 돌아봅니다. 그 시간 역시 **일정으로 확보**하는 거죠.

U 와, 일정을 생각하는 것부터 다르네요.

 아오키 이제 뭔가 보이기 시작하니 슬슬 정리해 볼게요. ①상대의 머릿속에 지도를 만들 수 있게 한다. ②자료는 설득 재료가 아니라 상담과 논의를 위한 토대다. ③편집 공정을 일정으로 마련해 둔다. 이런 느낌일까요?

 U 정리됐어요. 앞으로 유의하겠습니다. 오늘도 감사합니다!

수염 할아버지와 램프

'프로덕트 디자이너가 디자인한 조명.'

이런 말을 들으면 어떤 이미지가 떠오르세요? 이번에 말씀드리는 이야기는 '공사용 핸드 램프' 디자인 이야기입니다. 1986년에 발매되어 지금까지도 계속 판매되는 스테디셀러 제품인데요. 기후현 외딴 시골에 고즈넉이 자리 잡은 오래된 민가. 이 고택에 사는 쾌활한 남성(수염 할아버지)이 '공사용 핸드 램프'를 30년 전에 디자인한 인물입니다.

등장인물:

아오키 유사쿠青木雄作

1950년 기후현 출생. 전설의 '알렉스ALLEX 가위'를 디자인한 유니디자인에서 1970년부터 근무했다. 1977년에 ACT 인더스트리얼 디자인을 설립했다. 1986년부터 나고야 조형대학에서 강의를 했고, 2019년 기후현 생가로 돌아와 쇠락한 옛집을 혼자 힘으로 고치는 '고택 부활 대작전!'을 펼치고 있다. 아들은 TENT 프로덕트 디자이너 아오키 료사쿠.

수염 할아버지 랜드

아오키　　　이번에는 친아들인 제가 아버지와 인터뷰를 하게 되었
　　　　　　　습니다. 잘 부탁드립니다.

수염 할아버지　나야말로 잘 부탁합니다! 자료를 창고에서 꺼내올 테니
　　　　　　　잠깐만 기다려요.

아오키　　　앗, 수염 할아버지 램프를 쓰고 있으시네요.

수염 할아버지　작업장에서든 창고에서든 매일 사용한답니다. 좋아, 창
　　　　　　　고는 어두우니까 밝은 곳으로 이동할까요? 여기는 어때
　　　　　　　요? 예전에는 닭장이었는데, 지금은 땔감용 장작을 저
　　　　　　　장하는 오두막으로 쓰고 있어요. 감사하게도 이웃이 나
　　　　　　　무를 가져다줘서 겨울에 대비해 매일 장작을 패고 있죠.
　　　　　　　우리 집 보물을 쌓아놓은 산이라고 할까요.

아오키　　　모처럼 하는 인터뷰니 우선 요즘 근황을 말씀해 주시겠

당시 업무 자료를 보관한 창고

어요?

수염 할아버지 10년 전쯤인가? 나고야로부터 이곳 내가 태어난 집으로 이사를 왔어요. 25년 정도 아무도 살지 않아서 도깨비 집이나 다름없었는데, 살면서 매일 수리하고 있죠.

아오키 2008년부터였나요? 마당과 주차장을 만들고, 바비큐 오두막을 짓고, 소각로를 만들며 차례차례 분주하셨죠.

수염 할아버지의 섬세한 배려

아오키 우리가 '수염 할아버지 램프'라는 애칭으로 부르는 핸드 램프는 제가 철들 무렵부터 집에 놓여 있었는데요. 옛날부터 집에서 쓰던 물건인데 워낙 친숙해서 우리 가족에겐 특별한 이야깃거리가 아니었어요.

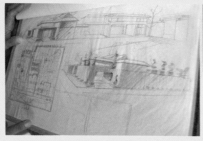

수염 할아버지 랜드 구상 스케치

수염 할아버지   그럴 수도 있겠네요.

아오키   그런데 지난 몇 년간 에고 래핑▸이 사용하거나 히노 2톤 트럭 광고에서 눈에 띄거나 세련된 편집 매장에서도 취급되는 등 다양한 곳에서 볼 수 있게 되었어요.

수염 할아버지   텔레비전 광고를 보니 나도 기분이 좋더군요.

아오키   30년 전에 발매된 제품인데 '대단하다'는 이야기도 있지만, 아무래도 세간에서는 '작자 미상'인 상태인데요. 모처럼 가까운 곳에 제작자가 계시니 건강하실 때 제품에 얽힌 이야기를 들어두자는 것이 오늘 인터뷰하게 된 계기입니다.

수염 할아버지   '작자 미상'이 좋지 않나요? 디자인한 제품이 '홀로' 걸어가는 모습을 바라보는 것 자체가 기쁜 일이죠. 무엇부터 말해야 할까요?

아오키   우선 이 제품을 개발한 시대 배경이라든지 당시 제품 상황을 알려주세요.

수염 할아버지   1970년대 후반부터였을까요? 일본 전국에 홈센터가 생기고 DIY가 성행했어요. 코드 릴cord reel을 주력으로 삼은 산업 기기 업체 사장님이 "일반 가정에서 일반 사용

▸ EGO-WRAPPIN'. 1996년에 오사카에서 결성된 2인조 밴드. 수염 할아버지 램프가 밴드의 심벌처럼 공연 무대에 항상 등장한다.

자도 사용할 수 있는 제품을 만들고 싶다"는 제안이 시
작이었어요.

아오키 그렇군요. 이 제품은 '공사용 핸드 램프'이면서 동시에
일반인을 대상으로 기획한 제품이었군요.

수염 할아버지 맞아요. "이것을 써줘"라고 탁탁 작동하는 스위치 부품
을 건네받은 게 의뢰 내용 전부였어요.

아오키 자유도가 높은 제안이었네요. 다소 막막할 수 있는 그
상태에서 어떻게 진행하셨어요?

수염 할아버지 우선 받은 스위치 부품 치수를 재서 도면을 만들고, 어
떤 제품으로 할까 생각했죠.

아오키 그다음은요?

수염 할아버지 당시 핸드 램프는 판금과 철사 같은 금속 바구니로 이
루어졌어요. 조립도 나사를 주로 사용했죠. 판금은 얇
고, 철사도 가늘고, 나사도 노출되어 있어서 일반 가정

컴퓨터가 없던 시절이라 제도판을 이용해 도면을 손으로 그렸다.

에서 사용하다가 쉽게 다칠 만한 만듦새인 제품이 태반이었죠.

아오키 그랬군요. '수염 할아버지 램프'처럼 플라스틱을 사용한 제품이 당시에는 없었나요?

수염 할아버지 없었어요. 여러 가지 사례를 조사해서 소재를 포함해 제안했죠. 이것은 다른 안건인데, 대충 이런 느낌으로 구조와 소재와 조립 방법까지 지시했죠.

아오키 우와.

수염 할아버지 나사를 하나도 쓰지 않고 탁 끼워 넣어 빠지지 않게 하는 구조로 조립하고 싶었거든요. 그래서 탄성이 있는 플라스틱을 사용했죠. 게다가 부드러워서 선반 같은 곳에서 떨어져 머리에 맞더라도 다치지 않고요. 플라스틱이어도 전구 근처는 발열을 견뎌야 하니까 폴리프로필렌 재질을 사용하고, 손잡이 부분은 단단한 ABS 플라스틱

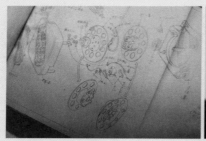

아오키	재질이나 페놀 수지를 쓴다든지 세세하게 생각했어요. 당시에는 인터넷이 없었잖아요. 소재를 알아보려 해도 책에 의존했던 시절이라 힘들지 않으셨어요? 소재에 이어 형태는 어떻게 접근하셨어요?
수염 할아버지	이전에 만들어진 핸드 램프는 전구를 갈 때 바구니 정면에서 딱 열리는 제품이 많더라고요. 그 방법으로는 전구를 빙빙 돌려 빼기도 어렵고, 철사와 판금으로 이루어져서 뺄 때 손을 다치기 쉬웠어요. 그래서 전구를 교체하기 편한 제품을 목표 삼아 악어 입처럼 활짝 열린다든지 세 가지 정도의 구조 아이디어를 냈죠. 최종적으로 채용된 안건이 위가 좍 열리는 이 타입이에요.
아오키	그렇군요. 위 바구니와 아래 바구니의 잠금 방법이 독특하네요.
수염 할아버지	위에 달린 훅hook으로 걸어도 열리지 않도록 상당히 꽉

잠겨 있죠. 풀 때도 좌우에서 누르면서 여는 독특한 구조를 새로 설계했어요.

아오키   저도 15년쯤 프로덕트 디자인을 해온 지금에서야 눈에 들어오는 부분이 있어요. 이 바구니 부품은 튼튼하지만, 쓸데없는 비용이 들어가지 않도록 세세한 부분까지 배려되었다는 느낌이에요.

수염 할아버지   오, 그게 보이나요? 가장 단순한 상하 분할 금형만으로 제작하게 했어요. 일반인이 어렵지 않게 사용하려면 가격도 중요한 요소니까요.

아오키   좀 더 세세히 들어가 볼까요? 이 부분의 올록볼록한 가는 선은 왜 만든 걸까요?

수염 할아버지   이 빨간 부품은 앞에서 얘기했던 폴리프로필렌이라는 소재인데, 성형 가공할 때 형태가 일그러지기 쉬운 소재예요.

아오키	'싱크 마크'라고 불리죠.
수염 할아버지	표면에 요철을 줌으로써 '싱크 마크'가 발생하지 않도록 했죠. 심지어 겉보기에도 좋은 인상을 주도록 배려했어요.
아오키	이 바구니 부분에 가로 방향 링이 한 단 정도 안쪽에 있는 이유가 있나요?
수염 할아버지	여기 말하는 건가요? 처음 스케치에는 존재하지 않은 요소였어요. 이것이 첫 번째 스케치예요.
아오키	아, 진짜군요! 가로 방향 링 수가 적어요.
수염 할아버지	전기가 들어와 전구가 빛나기까지의 흐름을 무리 없이 형상화하고 싶었어요. 그러려면 가로 방향 요소를 줄여야 하니까 아까 올록볼록한 가는 선은 물론 전체 인상을 '세로 흐름'으로 의식한 거죠.
아오키	강도의 필요성 때문에 가로 링을 추가할 때 한층 안쪽

싱크 마크sink mark
공업 제품에서 재료가 일으키는 성형 수축에 따라 생기는 우묵한 자국. 사출 성형injection 등의 금형을 이용해 만들어진 합성수지 제품에 현저히 나타난다.

으로 함으로써 그 인상을 유지한 거군요.

수염 할아버지   그렇죠! 오, 꽤 알게 되었네요.

아오키   조금 전 스케치는 손으로 그리신 거죠? 당연하지만 당시
는 3D 소프트웨어는커녕 PC도 없었을 테니까요. 이런
입체적이고 정확한 그림을 그리는 것도 장인의 기술이
군요.

수염 할아버지   이것은 또 다른 시안을 위한 밑그림이에요. 이렇게 투시
도를 정확히 잡아서 타원 자를 사용해 펜 터치를 넣거
나 마커로 색칠하거나 하이라이트를 넣는 거죠.

아오키   그때는 다들 그렇게 그렸나요?

수염 할아버지   모두 뭔가 손으로 그렸겠죠. 그런데 저는 프리랜서가 되
고 얼마 안 되었을 때 '테크니컬 일러스트'라고 제품을
분해한 상세도를 그리는 일러스트레이터 일을 많이 했
어요. 그 일을 하며 나사 하나까지 세세하게 그린 경험

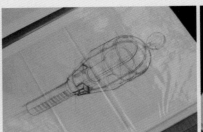

덕분에 디자인 스케치에 머물지 않고 구조까지 이해한 그림을 잘 그렸던 것 같아요. 참고로 이 그림은 테크니컬 일러스트 일로 그린 거예요.

아오키 　우와, 엄청 상세해요!

수염 할아버지 　이렇게까지 세밀하게 그리다 보면 제품을 디자인할 때도 나사 한 개나 조립 방법까지 신경 쓰이죠.

아오키 　아하…… 그렇군요. 프로덕트 디자이너라면 '겉모양을 생각하는 사람'이라고 생각하기 쉽지만 이런 배경이 있었기 때문에 구조나 설계까지 파고든 핸드 램프가 가능했던 거군요.

수염 할아버지 　핸드 램프 설계를 하는 사람이 따로 없었으니까요. 제가 전부 할 수밖에요.

아오키 　저도 프라이팬주는 설계자가 없는 상황에서 상세 구조까지 관여했어요. 그래서인지 그 괴로움과 즐거움을 조

금 알 것 같아요. 어쩔 수 없는 시대 차이가 있어서 압
도될 수밖에 없는 가운데서도 공감되는 부분이 있어요.
구조라든지 고집한 점이 또 있었나요?

수염 할아버지 우선 이 훅이죠. 플라스틱으로 탁 끼워 넣는 구조를 채
용해 360도 회전시킬 수 있었으니까요.

아오키 지금은 평범할 수 있지만 이런 것도 시대마다 궁리가 쌓
인 결과군요. 덧붙여 지금까지 빨간 부분 이야기만 했는
데, 검은색 잡는 부분 형태도 궁금합니다.

수염 할아버지 여기는 덩어리를 자른 듯한 형태가 되었죠. 잡을 때 방
향을 알 수 있게 만든 거죠. 굵기나 위치를 고안해서 손
잡이를 잡은 상태로 스위치를 조작하기 쉽게 한 거죠.
전구 받침의 검은 부분 돌출량의 균형도 충분히 고민한
결과이고요. 맞다! 빨간 부품과 검은 부분의 조립 구조
도 상당히 고민했어요. 그때까지 핸드 램프는 손잡이와

가드를 나사와 너트로 결합했는데 이 제품은 딱 한 방에 끼워 들어맞게 했어요. 사용할 때 절대로 빠지지 않는 강도를 보유한 구조를 생각하느라 정말 힘들었어요.

아오키   그때도 시제품을 많이 만들어 검토했나요?

수염 할아버지   아뇨. 지금은 3D 프린터로 재빨리 시험 작업을 해서 구조를 검토할 수 있지만, 그때는 구조 시제품을 간단히 만들 수 있는 시대가 아니었으니까요. 도면을 그리면서 상상하고, 장인의 직감을 바탕 삼아 설계했다고 할까요. 마침 그 무렵 도시락통 작업을 하고 있어서 경첩 등을 사용한 복잡한 수지 제품을 여러 개 경험한 덕을 톡톡히 보았죠.

아오키   장인의 직감이라니, 굉장하네요. 두근두근하는 공정이었을 듯해요. 형태 다음으로 색에 대해서도 고집이 있었을까요?

수염 할아버지　물론이죠! 앞에서도 말했듯이 당시에는 철사나 판금으로 만든 핸드 램프밖에 없었어요. 금속색에 투박하고 칙칙해서 집에 두고 싶지 않은 분위기였죠.

머리, 몸, 그리고 맥주 한 잔

아오키　지금은 유행이 돌고 돌아 '남성적인 인더스트리얼 인테리어'라는 분위기가 존재하지만, 당시에는 그것밖에 선택지가 없었던 시절이었군요.

수염 할아버지　그래서 컬러 베리에이션에서 오는 친숙함을 고려했어요. 플라스틱이라면 소재에 색을 넣을 수 있으니까요.

아오키　무엇을 이미지화해서 이 색으로 했을까요?

수염 할아버지　그때 나는 이탈리아 디자인, 특히 올리베티Olivetti S.p.A.를 동경했어요.

아오키　아아, 올리베티 발렌타인 타자기도 빨강과 검정이죠!

수염 할아버지　올리베티는 업무용이었던 타자기를 생활을 채색하는 재미있는 물건으로 만들었죠. 이 핸드 램프 역시 일반 가정에서 즐겁게 사용하는 모습을 이미지화한 컬러 베리에이션이에요. 색상은 물론 표면 질감도 고집스럽게 집

착했죠.

아오키　　　　　이 검은 부분의 광택이 없는 질감 말이죠?

수염 할아버지　맞아요. 목장갑을 낀 상태에서도 잡기 쉽도록 플라스틱 성형으로 거친 질감의 한계에 도전했죠. 이 질감 덕분에 다소 흠집이 있어도 눈에 띄지 않게 되었어요. 스위치 받침 부분 둥글게 팬 곳, 여기는 딸깍 누를 때의 터치 감을 좋게 하려면 반구형으로 어느 정도 오목하게 할지 수차례 점토로 만들어 확인했답니다. 스위치 ON/OFF 조작이 꽤 기분 좋은 이유죠.

아오키　　　　　들으면 들을수록 세세한 고집이 담겨 있네요. 원래 이야기로 돌아갈까요. 이 업체에서 의뢰가 온 계기가 궁금해요.

수염 할아버지　'영업'에서 시작했죠. 프리랜서가 되고 나서 50개 정도 회사에 전화를 돌렸는데 그중 한 회사였어요. 그야말로

우연히 영업하러 간 시점에 사장이 있어서 이야기가 시작됐어요.

아오키 프리랜서가 막 되자마자 시작한 일이 30년이 흐른 지금까지 계속 판매되다니 대단하네요.

수염 할아버지 지금도 판매가 계속된다는 것은 잘 팔린다는 거겠죠. 당시 업체가 이 제품으로 '굿디자인 어워드'에서 처음 수상해서 사장님도 기뻐해 주셨어요.

아오키 당시 굿디자인상은 상당히 문턱이 높았다고 들었어요.

수염 할아버지 발매된 지 얼마 안 되어 꼭 닮은 모조품이 나돌았지만, 굿디자인상이 증거가 되어 잘 해결되었죠.

아오키 상을 그렇게 사용하는 방법도 있군요. 당시 이야기는 이쯤 하고, 지금도 판매되는 이 램프를 다양한 곳에서 보다 보면 어떤 생각이 드세요?

수염 할아버지 단순히 기쁘기도 하지만, 쓰기 편하고 20년 넘게 써도 망가지지 않아서 좋아요. 설계나 디자인을 진지하게 해놓길 잘했다는 생각이 들죠.

아오키 이 핸드 램프를 디자인할 때는 우리 가족이 나고야 아파트에 살았잖아요? 돌고 돌아서 지금은 이 제품을 디자인한 디자이너가 그 시절로 돌아가 수작업을 한다는 점도 흥미로워요.

수염 할아버지　지금은 사시사철을 공사장에 사는 것 같아요.

아오키　저는 침실에서 아이에게 그림책을 읽어줄 때 이 조명을 사용하거든요. 그때마다 아이도 "수염 할아버지 램프!" 라고 불러요. 코드가 길고 부드러워서 잘 구부러져 감기 쉬운 점도 매력적이에요. 가드가 달려서 화상이나 부상 걱정도 없어서 안심하고 쓰고 있습니다.

수염 할아버지　일반 가정에서 사용하도록 설계했으니까요. 당시에는 꽤 머리를 썼지만, 지금은 몸을 움직이고 맥주 마실 때가 최고예요!

오늘도 수염 할아버지의 '고택 부활 대작전'은 계속되었다.

육아라든지 생활이라든지

하루타 마사유키治田将之 | TENT

눈에 핏발이 섰던 것 같다.

10년 전, 클라이언트 기업 담당자로 알게 된 아오키 씨는 회사를 그만두고 독립했다면서 일주일에 한 번꼴로 내 사무실에 놀러 왔다. 당시 나는 프리랜서 프로덕트 디자이너로 일하면서 아내와 세 아이(세 살 언니, 한 살 된 쌍둥이 여동생 둘)를 한창 키울 때였다. 낮에는 어린이집에 데리러 가고, 밤이 되면 육아로 녹초가 된 아내의 바통을 이어받아 교대로 우는(절대 동시는 아닌) 쌍둥이에게 우유를 주면서 낮에 못 다한 일을 했다. 완전히 수면이 작살난, 하루하루가 줄타기인 나날이었다.

그런 상황에서 눈에 핏발이 선 나를 보고 아오키 씨는 '프리랜서 디자이너는 역시 한밤중까지 작업하는 힘든 일이야'라고 착각했다고 한다. 회사를 막 그만둔 아오키 씨를 필요 이상으로 불안하게 만든 일은 지금도 미안하다.

일주일에 한 번 정도 놀러 오고, 서로 도움을 주고받고, 함께 전시회에 출품하다가 나도 모르게 TENT를 시작하게 되었다.

TENT라는 이름에는 '가설이니까'라는 의미가 내포되어 있다. 좋은 아이디어가 생각났으니 시제품을 만들어 보자, 상품화해 보자, 판매해 보자, 가게도 해보자, 그런 식으로 TENT의 활동은 '왠지 모르게'로 나아갔다.

"하루타 씨, 그래도 저는 '생각'이라는 것을 한다고요"라고 아오키 씨에게 혼날지도 모르지만, 왠지 모르게 하고 싶은 것과 하고 싶지 않은 것이 비교적 같아서 열 살 차이 나는 두 사람이 TENT라는 활동을 즐겁게, 때로는 울고 웃으며 계속할 수 있었다.

지금은 아오키 씨도 두 아이의 아버지가 되어 수면이 작살난 경험도 하고, 가끔 눈에 핏발이 설 때가 있다. TENT는 생활 속에서 사용할 수 있는 도구를 주로 개발해 왔는데, 이런 식으로 일뿐 아니라 육아나 생활에도 흔들리는 두 사람이기에 만들어진 제품도 있었다.

아이디어라든지 디자인이라든지. 육아라든지 생활이라든지.

앞으로도 더 늘어날지 모르는 '~라든지'를 긍정적으로 받아들여 즐겁게 해나가려고 한다. TENT답게!

등을 떠밀거나 엉덩이를 치는 책

다쿠보 아키라田久保彬 | 그래픽 디자이너
(이 책의 디자인이라든지 띠지 카피라든지)

아오키 료사쿠는 '연타하는 사람'이다.

TENT와는 사무실이 이웃이고, 아오키 씨와는 우연히 다니는 미용실도 같아서 8년 전에 미용사분에게 "두 사람, 정말 잘 맞을 거야"라고 소개받은 것이 우리의 만남의 계기였다(마르코의 쇼타 씨, 감사합니다. 그야말로 잘 맞습니다).

이후 여러 프로젝트를 함께하고 있지만, 아오키 씨는 처음 만났을 때부터 쭉 변함없이 '여러 번 두드리는' 사람이다. 아이디어를 내든, 시제품을 만들든, 아니면 하루하루 정보를 발신하든, 맡겨져서 하는 일이 아니라 안절부절못하면서도 자연스럽게 머리보다 몸이 먼저 움직이는 사람이다. 잘 안 되면 확실히 물러나고, 그러다가도 마음이 바뀌면 선뜻 '할 수 없어'라는 말을 철회하면서 또 다른 두근거림이나 충동으로 마음이 움직이는 사람. 그런 경쾌한 언동과 앞뒤가 같은 점이 아오키 씨의 매력이자 강점이자 팬이 많은 이유일 것이다.

덧붙여 연타하는 아오키 씨와 비교하면 하루타 씨는 사려 깊은 '길게 누르는 사람'이다. 확실히 그에겐 한 방을 신중하게 쏘는 느낌이 있다. 멋있다. 그런 두 사람의 절묘한 균형 때문에 TENT의 기세와 안정감이 양립한다고 마음대로 생각해 본다.

이야기를 되돌려 '일단 해본다'거나 '일단 말해본다'는 '첫걸음'에 엉덩이가 무거운 사람이 많다. 아오키 씨는 일단 해본 끝에 문이 열리는 쾌감, 혹은 새로운 벽에 마주치는 기쁨(굳이 긍정적으로 말하자면)을 누구보다도 잘 아는 디자이너다. 지금 이 순간에도 분명히 손이 움직이고 있을 그의 원동력과 머릿속이 궁금할 따름이다.

무엇보다 이 책은 "아오키 씨, 어쩌면 그렇게 디자인할 수 있죠?"라고 감탄사를 내던지는 나에게도, 막연히 아이디어라든지 디자인이라든지 답답해하는 사람들에게도 많은 힌트를 담고 있다.

실제로 아오키 씨를 옆에서 보면서 "아, 그렇게 가벼운 마음으로 발을 내디뎌도 되는구나"라고 등을 떠밀리거나 "와, 더 해야겠네"라고 엉덩이를 얻어맞은 기분이 들면서 좋은 자극을 많이 받아왔다.

'아오키 어록 덩어리'라고 해도 손색없는 이 책을 손에 든 당신에게 부적 같은 책이 되리라 확신한다.

아이디어라든지
디자인이라든지

초판 1쇄 인쇄 2024년 6월 20일
초판 1쇄 발행 2024년 6월 30일

지은이	아오키 료사쿠 ㅣ TENT
옮긴이	신혜정

편집	윤동희, 황유정
디자인	다쿠보 아키라, 스기에 고헤이杉江耕平, 신혜정

펴낸곳	잇담북스
펴낸이	임정원
주소	서울특별시 강남구 삼성로 570, 5층
대표전화	02-521-2999
홈페이지	https://itdam.co.kr

ISBN   979-11-982226-1-9 03320